일단 나부터
칭찬합시다

결단력이 있어

나이스!

하루 3분, 삶을 기적처럼
변화시키는 나와의 대화

반짝
반짝
빛나

마음이
넓어

포스가
있어

기특
하다

일단 나부터

데즈카 치사코 지음 | 김연경 옮김

칭찬합시다

FIKA

말을 바꾸면, 삶이 달라진다!

자기 긍정감을 올리는 가장 쉬운 방법

최근 몇 년간 '자기 긍정감(자신이 가치 있는 존재라고 긍정하는 감정-역주)'을 주제로 한 책이 많이 출판되었습니다. 그중에는 베스트셀러가 된 책도 있습니다. 그만큼 많은 사람들이 자기 긍정감을 올리고 싶어 한다는 의미겠지요. 저는 지금까지 자기 존중감(자신이 소중한 존재라고 믿는 감정-역주), 자기 긍정감을 높이는 프로그램을 연구, 개발해왔고 30년 가까이 이일에 몸담아왔습니다. 그리하여 가장 효율적으로 자기 긍정감을 높이는 방법을 알게 되었습니다. 바로 '칭찬 일기'입니다. 텔레비전이나 라디오, 잡지 등에도 소개되어 10만 명이 실천하고 있으며, 그 수는 지금도 계속 증가하고 있습니다.

공책과 펜만 준비하면 일기를 쓸 수 있습니다. 하루를 되돌아보고 그날 있었던 좋은 일, 칭찬하고 싶은 일을 찾아 자신을 칭찬합니다. 아주 간단한 방법이지만 꾸준히 실천한 사람들은 매우 좋은 효과를 보고는 기쁜 마음에 다음과 같은 후기를 남깁니다. '예전에는 기분이 가라앉으면 쉽게 전환하지 못했지만, 지금은 금방 기분이 좋아지는 방법을 터득했습니다.' '동료와의 인간관계가 서툴렀지만, 지금은 놀라울 정도로 잘 지내고 있습니다.' '마음에 여유가 생긴 덕분인지 아이에게 화를 내지 않게 되어 집안이 화목해졌습니다.' 칭찬 일기를 계속 쓰면 자신을 인정하게 되고 자연히 자기애가 커집니다. 가족과 친구, 동료 등 자기 주위에 있는 사람과의 인간관계도 잘 풀리게 됩니다. 자기를 칭찬하면서 일이나 연애, 결혼생활, 육아 등 모든 부분이 개선되는 선순환이 시작되는 것입니다.

거기에 칭찬 일기를 쓰면 또 다른 효과도 얻을 수 있습니다.

누구나 입버릇이나 자주 하는 생각이 있습니다. 여러분의 입버릇과 자주 하는 생각은 무엇인가요? 칭찬 일기를 쓰는 제 블로그의 독자가 "'행복해~'라는 말이 입버릇이 됐어요." 라고 자신의 블로그에 써놓은 걸 보았습니다. 정말 멋진 일이죠. 왜냐하면 "나는 행복하다, 행복해."라고 말하면 행복감이 마치 샘처럼 마음에서 솟아오르기 때문입니다. '행복해, 기뻐, 즐거워, 대단해, 멋져, 좋네, 고마워.' 등을 칭찬 일기에 쓰면 좋은 파동의 단어가 계속해서 나오게 됩니다. 작은 일에도 행복해하고 이를 입 밖으로 말하고 기뻐하면, 어느샌가 긍정적인 단어가 입버릇이 되어 단어의 뜻 그대로 이루어지는 일이 늘어납니다.

또 하나 칭찬 일기가 가져오는 중요한 변화가 있습니다.

바로 사람으로서 강하게 살아가는 힘을 얻게 되는 것입니다. 행복한 인생을 살아가기 위해서는 작은 일에 무너지지 않고 곤란한 상황에 맞설 수 있는 단단함을 갖추어야 합니다. 지진과 같은 천재지변이나 바이러스의 확산과 같은 재난이 언제 발생할지 우리는 예측할 수 없습니다. 누구나 어떤 상황에서도 이성적으로 판단하고 적절하게 행동함으로써 자신과 가족을 지키는 힘을 지니고 싶을 겁니다. 칭찬 일기를 통해 이러한 상황에 대처할 수 있는 강함도 갖출 수 있습니다.

'칭찬 일기'는 단순한 일기가 아닙니다

칭찬 일기를 추천하면 "일기는 매일 쓰고 있지만 아무것도 변하지 않았어요."라고 말하는 사람도 꽤 있습니다. 매일 빠뜨리지 않고 일기를 쓰는 건 대단한 일입니다. 하지만 일기 내용에 불평이나 반성이 많지 않나요? 이건 매일 자신의 잘못을 지적하는 '질책 일기'로, 어떻게 보면 칭찬 일기의 정반대라고 할 수 있습니다. 자신을 성장시키고 인생을 좋은 방향으로 바꾸기 위해서는 반성보다 칭찬을 하는 게 효과적입니다. 여기서 칭찬 일기가 탄생하게 된 배경을 짧게 설명하겠습니다.

인간뿐만 아니라 모든 생명은 자신의 존재를 긍정했을 때 활기가 넘치고 활성화되며, 잠재되어 있던 힘이 발휘됩니다. 이 사실을 깨달은 저는 1988년에 칭찬 일기를 고안했고, 독자적으로 개발한 자기실현 프로그램의 일부에 추가하여 활용했습니다. 그 후 실천하는 사람이 늘어나면서 칭찬 일기만으로도 큰 효과를 얻을 수 있다는 걸 알게 되었습니다. 칭찬 일기의 효과는 제 예상보다 훨씬 컸습니다. 우리가 일상

생활에서 안고 있는 스트레스와 인간관계 등의 고민거리가 많이 해결되고, 자아를 실현하는 지름길이 된다는 사실을 깨달은 것입니다.

왜 효과가 큰 걸까요? 그 이유는 칭찬 일기를 통해 삶의 토대가 되는 의식인 '자기 긍정감(자기 존중감)'이 제대로 표면으로 드러나고, 이와 함께 갇혀 있던 긍정적인 의식과 잠재 능력이 발현되기 때문입니다. 그리고 발현된 긍정적인 의식의 에너지가 더 좋은 것들을 외부에서 끌어들여 가정과 회사에서도 효과를 내기 때문입니다.

대지가 단비를 원하듯 생명은 칭찬을 원합니다. 칭찬 일기는 당신의 생명을 칭찬하고 존중하며, 생명에 기쁨을 주는 삶의 습관을 갖추는 가장 좋은 방법입니다.

'타인'이 아닌 '자신'을 칭찬해서 얻는 효과

우리 사회에는 겸손을 미덕으로 삼는 문화로 인해 자신과 가족을 칭찬하면 안 된다는 풍조가 있었습니다. 물론 겸손은 사람이 갖춰야 할 훌륭한 미덕입니다. 하지만 자신과 가족을 칭찬하지 않아야 겸손한 것은 아닙니다. 그럼에도 우리는 언젠가부터 겸손과 자신을 부정하는 것을 동의어처럼 사용해왔습니다. 이 때문에 자신을 비난하고 부정하는 걸 '좋은 행동'이라고 믿어왔습니다. 당연히 그 반대인 '자신과 가족을 칭찬하는 건, 해선 안 되는 일'로 여겨졌습니다.

칭찬 일기를 쓰면서 표면으로 드러내는 자기 긍정감은 거만한 태도로 상대방을 깔보는 것과는 완전히 다릅니다. 자신의 생명을 존중하고 존재를 긍정할 수 있어야 다른 사람의 생명도 존중하고 긍정하며 존경할 수 있습니다. 이것이 겸손한 마음입니다. 또한 칭찬 일기는 자랑과는 다릅니다. 다른 사람에게 자기를 과시하고 자랑하는 걸 장려하는 게 아닙니다.

자신을 칭찬하는 데 위화감을 느끼거나 망설이는 사람은 먼저 칭찬에 관한 잘못된 개념을 벗어던지기를 바랍니다. 자신을 칭찬하는 건 이상하다는 사고방식이 우리 사회에 강하게 뿌리내렸지만, 2008년 후생노동성 관할 자연 과학 연구 기구·생리학 연구소에서는 "뇌는 칭찬을 받으면 기뻐한다."는 연구 결과를 세계에 발표했습니다. 대뇌의 보상 체계가 반응한다는 뜻입니다.

뇌는 주어를 고르지 않는다고 알려져 있습니다. 칭찬을 받고 기뻐하지 않을 사람은 없습니다. '칭찬의 말'을 들으면 뇌에는 행복 호르몬이라고 불리는 옥시토신과 도파민, 세로토닌 등이 늘어난다고 합니다. 몸과 마음을 편안하게 하는 이러한 호르몬들의 분비가 늘어나면 기분 좋은 행복감을 느낄 수 있습니다. 자신을 스스로 칭찬해도 뇌는 똑같은 반응을 보입니다. 또한 자신이 누군가를 칭찬해도 뇌는 그 칭찬의 말에 반응하므로, 칭찬한 자신 또한 기분이 좋아집니다. 주어가 누구든지 뇌는 반응하는 거죠. 그러므로 다른 사람에게 칭찬받기를 기다리는 게 아니라, 자신을 스스로 칭찬하는 습관을 들여 항상 기분 좋은 상태로 만드는 것이 행복하게 사는 비결이라고 볼 수 있습니다. 뇌가 기뻐해 몸과 마음이 편안해지면 생명에 잠재되어 있던 다양한 '좋은 힘과 의식'이 발현되고 밖에서 '좋은 것'을 끌어들이게 됩니다.

"왠지 실천하기는 힘들 것 같아."라며 주저하는 분도 있을 겁니다. 하지만 걱정하지 마세요. 칭찬 일기는 누구나 바로 실천할 수 있을 정도로 매우 간단합니다. 단, 칭찬 일기를 중도에 그만두지 않고 더 효과적인 방법으로 글을 쓰려면 약간의 요령이 필요합니다. 이 책에서는 칭찬 일기의 핵심만을 모아서 알려드립니다. 칭찬 일기를 통해 여러분의 내면에서 어떤 생각이 떠오르고 무엇이 시작되는지, 무엇을 발견할 수 있으며 미래는 어떻게 펼쳐나갈 것인지를 알 수 있습니다. 칭찬 일기를 쓰면서 유일무이한 존재인 자신을 칭찬하고 인생을 더욱 즐기시기를 바랍니다.

Contents

Chapter 2.

하루 3분,
행복을 발견하는 기적의 글쓰기

Chapter 3. Q&A
나와의 대화, 어떻게 시작해야 할지
모르겠다는 당신에게

부록. 체험담

나에게 하는 말을 바꾸니, 인생이 바뀌었다!

Chapter
01.

'자신에게
하는 말'을
바꾸면
달라지는
것들

'나에게 하는 말'이
인생을 바꾼다

칭찬 일기_

새로운 나를 만나는 방법

자신을 칭찬하는 '칭찬 일기'를 통해 칭찬할 부분을 찾고, 자
신을 인정하며, 칭찬의 말을 계속해서 쓰다 보면 자연스럽게
자신의 장점을 발견하게 됩니다. 그러면서 스스로를 더욱 소
중히 여기고 다정히 대해야겠다는 생각이 마음속에서 샘솟

게 됩니다. 이러한 일이 계속되면 생명에 잠재된 '자기 생명을 존중하는 마음'이 자연스럽게 일어납니다.

이것이 인생을 살아가는 데 가장 중요한 부분입니다. 인생은 '생명'이 살아가는 것이기에 '자신의 생명을 존중하는 의식'은 살아갈 힘을 제공하는 원천이 됩니다. 만약 자신의 생명을 소중히 여기지 않고 어떻게 되든 상관없다고 부정적으로 생각하면 인생을 살아갈 힘은 약해집니다. 칭찬 일기를 쓰면 '자신의 생명을 존중하는 의식'을 깨달을 수 있습니다. 머리로 이해하는 것이 아닌 잠재의식으로 지니고 있던 것을 밖으로 드러내는 것입니다. 이러한 과정을 통해 몸과 마음에 힘이 넘쳐흐르게 되고 생명은 빛나게 됩니다. 이렇게 살아가는 힘의 원천을 찾아가면서, 자신의 존재 가치와 능력 등을 있는 그대로 인정하는, 즉 '자기 긍정감'을 높이는 것이 칭찬 일기입니다. 효율적일 뿐만 아니라 깊고 폭넓게 자기 계발을 할 수 있는 방법입니다.

칭찬 일기를 쓰면 다양한 능력이나 의식, 감각, 감성이 예전보다 밖으로 많이 드러나게 됩니다. 이것은 새로운 나와 만나는 기쁨을 늘리는 일이며, 자신의 가능성을 발견하면서 최고의 인생을 만들어가는 힘이 됩니다. 자신의 소중함을 알고 자기 긍정감이 높아지면 다른 사람의 소중함도 알게 됩니다. 또한 자연 속 다른 생명과 공생하는 것의 소중함이나 모든 생명이 연결되어 있다는 것을 이론이 아닌 '마음'으로 깨닫게 됩니다. 자기 존중감과 자기 긍정감을 높이는 방법인 '칭찬 일기'로 자신과 주변 그리고 사회를 존중하고 인정하는 마음이 넓어지기에, 더욱 행복해질 수 있습니다.

쓰기만 해도
자기 긍정감이 쑥!

기분이 좋거나 기쁜 일이 있으면 뇌 내 행복 호르몬이라고 불리는 옥시토신과 도파민, 세로토닌 등이 더 많이 분비된다고 합니다. '칭찬 일기'는 뇌가 기뻐하는 '칭찬의 말'을 매일 쓰는 것이므로, 행복 호르몬이 더욱 잘 분비되고 나아가 면역계와 자율 신경계의 기능이 좋아집니다. 게다가 세로토닌이 활성화하면 감정 조절이나 집중력, 의욕 등을 관장하는 뇌의

'전두전야(뇌 내 전두엽의 앞부분)' 기능도 좋아진다고 하니, 칭찬 일기로 얻을 수 있는 좋은 점은 무궁무진하겠지요.

칭찬 일기의 장점은 또 있습니다. 손 글씨로 글을 쓰는 것은 전두전야의 혈류를 좋게 만든다고 알려져 있습니다. 따라서 칭찬 일기를 쓰면 뇌, 마음, 신체에 좋은 일이 많이 생길 뿐 아니라, 다양한 가능성이 눈앞에 펼쳐지게 됩니다. 유전자적 관점에서 보아도 큰 효과를 기대할 수 있습니다. 세계적으로 유명한 유전자 연구원인 무라카미 가즈오(村上和雄) 박사의 연구에 따르면 우리는 유전자를 무려 90%나 사용하지 않는다고 합니다. 하지만 사용하지 않는 유전자를 활성화할 수 있는데, 이는 긍정적인 발상, 마음가짐과 큰 관련이 있다고 합니다. 자기 장점에 관심을 가지고 '자신의 생명을 존중하여 스스로의 존재 가치를 인정하는 의식'을 높여나간다면 잠들어 있는 유전자를 활성화할 수도 있을 것입니다. 칭찬 일기는 자기 내면에 원래 지닌 힘을 강화하여 잠들어 있던 능력을 밖으로 드러내는 일입니다. 즉 새로운 자신과 만나는 방법이며, 부정적인 면을 개선하고 생명에 기쁨을 주는 삶의 방식을 익히는 방법이기도 합니다.

자기 내면의
보물을 찾는 과정

칭찬 일기로 자기 긍정감을 높이면 자신감, 자립심, 사회 적응력, 발상력, 기획력 등 생활과 업무에 바로 도움이 되는 힘이 강해집니다. 사랑, 감사, 배려, 균형 있는 관계를 유지하는 능력, 풍부한 감성 등 눈에는 잘 보이지 않지만 사람에게 중요한 의식과 감각 또한 깊고 풍부해집니다. 더해서 부정적인 면을 개선하는 힘, 타인을 존중하는 마음, 누군가에게 도움이 되려는 마음, 공감력과 같은 내면의 힘이 밖으로 드러나 의사소통 능력도 상승합니다. 살아가는 데 중요한 행복감과 기쁨, 희망은 샘처럼 솟아납니다. 칭찬 일기는 그야말로 자기 생명의 보물을 찾는 것이라고 할 수 있습니다.

많은 사람들이 칭찬 일기를 쓰고 난 뒤 '화나는 일이 줄었다.' '더 이상 타인과 나를 비교하지 않는다, 또한 내 인생은 나의 것이라는 생각을 갖게 되었다.' '인간관계가 좋아졌다.' '스트레스와 불안이 줄었다.' 등 자기 내면의 변화를 느꼈다고 말합니다. '우울증이 개선되었다.'라는 이야기도 심심치 않게 들려옵니다. 그 예로 제 블로그에 달린 댓글 중 하나를 소개하겠습니다.

"저는 지금 사귀는 남자 친구가 있습니다. 칭찬 일기를 쓰고 자신이 좋아진 덕분인지, 칭찬을 많이 들어서 기쁩니다! 예전에는 매사 자신이 없고 자신과 타인에게 엄격했기에 남자 친구에게 자주 불만을 말하거나 푸념을 했고, 사랑을 받아도 어딘가 불안했습니다. 칭찬 일기를 쓰고 있는 지금은 스스로 '난 장점이 아주 많고 사랑받을 가치가 있어!'라고 생각합니다. 그래서 남자 친구가 칭찬하면 솔직하게 '고마워. 기뻐!'라고 말합니다. 또 남자 친구의 좋은 점을 발견하면 칭찬을 아끼지 않습니다(^o^). 제가 이렇게 온화하고 따뜻한 관계를 맺을 수 있게 되다니 감동입니다. '칭찬 일기'는 자기 계발을 할 때뿐 아니라, 연애할 때도 큰 효과가 있다는 것을 실감했답니다."

_레오포코 씨

우리는 인간관계나 취업, 결혼, 육아 등 많은 고민과 불안을 안고 살아가지만, 칭찬으로 자신의 긍정적인 면을 최대한 살려 살아가는 힘을 밖으로 드러내면 인생은 더욱 즐겁고 행복해질 것입니다.

나를 존중하는 마음을 키우면 얻을 수 있는 것들

생명의 뿌리 = 자기 생명을 존중한다

자신감 / 객관적인 관점을 지닐 수 있다 / 미래를 향한 희망 / 자립심 / 배려심 / 발상력과 기획력 / 감성 / 사랑 / 뇌 내 호르몬 불균형 개선 / 심신의 활성화 / 자존감이 더욱 향상 / 자기 긍정감 / 자신을 믿으며 살아가는 힘 / 관용, 용서 / 행복감, 기쁨 / 신뢰 / 용기 / 단점 개선 / 조화 / 나다운 삶 / 사회 적응력 / 감동 / 자기 표현력 / 자랑 / 생명에 감사하는 마음 / 힘든 일에 적응하는 능력

> ▷ '칭찬 일기'는 자신의 능력과 가능성, 사랑을
> 발견하고 밖으로 드러내는 활동입니다.

'자신을 탓하는 회로'가 아닌 '칭찬하는 회로'를 만들자

칭찬 일기를 쓸 때 가장 기본은 '칭찬의 말'을 사용하는 것입니다. 칭찬할 일을 찾아서 기록하는 게 아니라 칭찬할 일을 찾아서 칭찬하는 겁니다. 칭찬할 때는 칭찬의 말을 사용합니다. 예를 들면, '오늘 아침에 10분 일찍 출근했다.'라는 문장에는 설명만 있고 칭찬의 말이 없습니다. '오늘 아침에 10분일찍 출근했다. 대단하네.' 이렇게 쓰면 칭찬한 것입니다. 뇌가 칭찬받았다는 걸 알도록 칭찬의 말을 꼭 사용하시기 바랍니다. 이를 반복하면 여러분의 뇌에 자신을 칭찬하는 사고 회로가 생깁니다.

저는 이것을 '칭찬 회로'라고 부릅니다. 또한 강연회나 세

미나 등에서 사람들에게 특히 중요한 포인트라고 설명합니다. 칭찬 회로가 중요한 이유는 프롤로그에서 서술한 '삶의 토대가 되는 의식'을 제대로 발현하기 위해 꼭 필요한 사고 회로이기 때문입니다.

"자신을 칭찬해본 적이 없기 때문에 어렵다.""부모님이 칭찬해주신 적이 없으니 못 한다."라고 말하는 사람을 가끔 봅니다만, 의식하면서 칭찬의 말을 사용하다 보면 자연스럽게 뇌의 사고 회로가 바뀝니다. 칭찬 회로는 스스로 만들 수 있습니다. 만약 여러분이 긴 세월 동안 자신을 질책하고 싫어했더라도 괜찮습니다. 칭찬 회로를 새롭게 뇌에 만들면 후천적으로 만들어버린 자신을 질책하는 회로가 점점 작아지며 자신을 질책하는 버릇도 사라집니다.

의학 박사이자 뇌과학자인 다카다 아키카즈(高田明和) 씨는 저서에서 "어떻게 생각하느냐에 따라 뇌는 점점 배선을 바꾸고, 우리가 항상 생각하는 것과 같은 뇌로 바뀐다."라고 말했습니다. 매일 자신을 칭찬하기 위해 칭찬할 일을 찾아서 쓰다 보면 뇌는 자신의 긍정적인 면에 관심을 돌리고 '칭찬하는 회로=칭찬 회로'를 만들어줍니다. 그렇게 되면 지금까지 자신을 칭찬한 적이 없던 사람도, 부모님의 칭찬을 들은 적이 없던 사람도 위화감 없이 칭찬을 술술 쓸 수 있게 됩니다.

여러분은 그저 자신의 좋은 점과 긍정적인 면을 찾아서 칭찬 일기에 쓰면 됩니다. 어깨에 힘을 잔뜩 주고 열심히 할 필요도 없습니다. 처음에 글을 쓰기 위한 노력이 조금 필요할 뿐입니다. 일기를 쓰면 쓸수록 칭찬 회로는 굵어지고 자기 긍정감이 높아져 원래 여러분의 생명이 지니고 있던 잠재의식과 능력이 밖으로 드러나게 됩니다.

칭찬 회로는 다른 사람을 대할 때도 똑같이 작용합니다. 지금까지 단점만 보이던 사람에게서 긍정적인 면이 보이고 어느샌가 그 사람을 칭찬하는 경우도 생깁니다. 사람의 단점을 보고 못마땅하게 여기는 것보다 훨씬 좋죠? 자연히 가정이나 직장에서 인간관계가 개선될 확률도 높아집니다. 자신이 선택해서 쓰는 말로 뇌의 회로가 바뀌고, 그로 인해 인생을 더욱 윤택하고 행복하게 살아갈 수 있습니다. 이것이 우리 생명이 지닌 굉장한 힘입니다.

—————

—————

—————

—————

칭찬 일기를 실천함으로써 자기 긍정감이 향상되면, 자연스럽게 자기 표현력(자기 내면의 생각 등을 밖으로 표현하는 능력-역주)도 좋아집니다. 사람과의 의사소통에서 자기 표현력은 아주 중요합니다. 자신의 감정과 의견, 하고 싶은 말 등을 필요한 곳에서 제대로 전달할 수 있느냐에 따라 인간관계가 달라집니다. 자신감이 없고 상대방의 의견에 따르기만 하면 불만이 쌓여 인간관계가 힘들어지고 문제를 일으키기도 쉬워집니다. 자기표현을 잘하게 되면 가정이나 직장에서 생활할 때 의사소통이 잘되고 직업적인 면에서도 큰 도움이 됩니다.

칭찬 일기를 쓰면 자기 긍정감과 자기 표현력이 동시에 향상됩니다. 모두 행복하게 살아가기 위해 기본적으로 필요한 힘이죠. 이를 악물고 열심히 하지 않아도 이러한 힘을 길러주는 게 칭찬 일기의 특징입니다.

'칭찬 일기'의 다양하고 놀라운 효과

그럼 '칭찬 일기'를 실천하고 있는 사람들의 이야기를 통해 칭찬 일기가 어떤 효과가 있는지 알아보겠습니다.

면접에서 당당하게 자기 PR을 했습니다

고등학교를 졸업한 후 전문학교에 진학해 그 분야에서 취업했지만, 상사와 사이가 좋지 않아 금방 그만두었습니다. 퇴사한 후 잠시 은둔형 외톨이로 지냈을 때 친구가 '칭찬 일기'를 추천해주었습니다. 자신을 칭찬하는 게 즐거워졌을 무렵 다시 일하고 싶다는 의욕이 생겼고, 취업 준비를 시작했습니다. 면접을 볼 때 자신을 적극적으로 당당하게 어필하는 제 모습에 저조차 놀랐습니다. 칭찬 일기를 쓰면서 어느샌가 자기 긍정감이 자랐다는 걸 실감할 수 있었습니다. 덕분에 취업에 성공했고, '잘했어!'라고 자신을 칭찬했습니다.

_회사원, 지바현

꿈꾸던 정직원이 되었습니다

작년 10월, 직장을 잃고 절망에 빠져 있을 때 칭찬 일기를 알게 되었습니다. 일기를 쓴 뒤부터 약해졌던 심신이 순식간에 회복되었고, 이번 달부터 꿈꾸던 정직원으로 일하게 되었습니다. 항상 기운이 없던 제가 꿈을 이루고 지금까지 온 건 분명 칭찬 일기의 효과 덕분입니다! 일을 하면서 여러 가지 고민이 생겨서 지친 마음이 고개를 살짝 들 때도 있지만 칭찬 일기는 계속 쓸 생각입니다. 왜냐하면 '자기 긍정감'이 높아졌으니까요! '나에게는 장점이 많아, 괜찮아, 힘내자!'라고 생각하며 지내고 있답니다.

_misako 씨, 블로그 댓글

남편에게 제 마음을 말할 수 있게 되었어요

결혼한 지 십수 년이 되니 남편의 존재가 지긋지긋해져서 이대로는 결혼생활을 지속할 수 없다는 생각이 들었습니다. 이렇다 할 큰 단점은 없지만 서로를 이해하지 못한달까, 사랑이 없어졌달까….

무언가 변할지도 모른다는 불안감에 칭찬 일기를 쓰기 시작했고, 3주 정도 계속 쓰자 탁 하고 뒤통수를 맞은 듯한 느낌이 들면서 그간 내가 나의 감정을 솔직히 말하지 않았다는 걸 깨달았습니다. 어린 시절 저는 부모님이 시키는 대로만 했기에 어른이 되어서도 사람에게 맞추는 것밖에 하지 못했습니다. 때문에 남편에게도 제 의견은 거의 말하지 않고 맞추기만 하며 살아왔습니다. 그런데도 내 마음을 알아주지 않는다는 생각에 불만이 쌓여 폭발 직전 상태였던 자신에게 어이가 없었습니다. 그 후 서서히 제가 생각하는 걸 말할 수 있게 되었습니다. 고맙게도 남편은 제 말을 잘 들어줍니다. 사랑이 돌아온 것 같습니다.

_편의점 점원, 오카야마현

더 행복해졌습니다

일과 육아 모두 완벽하게 하려고 안달할 때는 스트레스를 많이 받아서 의무감 때문에 아이를 키우고 있다는 느낌이 들었습니다. 친구가 "스트레스를 줄이는 데 좋아."라며 칭찬 일기를 추천했지만, 시간이 없어서 못 쓸 것 같았습니다. 하지만 출퇴근길 전철 안에서 짬짬이 쓰기 시작하면서 마음에 여유가 생겼습니다. 게다가 시간을 잘 활용하게 되어 시간적으로도 여유가 생기니, 아이와 놀 때 더 즐겁고 아이도 더욱 귀엽게 느껴져 행복한 기분이 들 때가 많아졌습니다.

_일과 육아를 양립 중인 워킹맘, 후쿠오카현

아이에게 집중력이 생겼습니다

칭찬 일기를 쓰기 시작하면서, 초등학교 1학년인 아이와도 목욕을 할 때마다 하루를 되돌아보고 자신의 칭찬할 점을 서로 이야기해왔습니다. 얼마 전 아이의 담임 선생님에게 "요즘 애는 어떤가요?"라고 물어보니, 담임 선생님은 "수업 중에 제 눈을 보면서 집중해서 이야기를 들어요. 예전에는 옆자리에 있는 아이에게 쓸데없이 말을 걸기도 하고 무척 어수선했는데 말이죠."라고 말했습니다. 나이에 맞게 성장한 것뿐이라고 생각하면서도, 집에서 숙제하는 걸 보면 집중력이 높아진 것 같은 느낌이 듭니다. 제가 칭찬 일기를 쓰고, 목욕하면서 아이와 대화를 나누기 시작한 시기와 정확하게 겹칩니다.

_주부, 야마구치현

- -

직원을 칭찬하게 되었습니다

사람을 어떻게 칭찬해야 하는지 몰랐습니다. 그저 부하 직원은 무작정 독려하면 분발하고 성장한다는 생각이 옳다고 믿으며 지금까지 관철해왔습니다. 하지만 칭찬 일기를 쓰기 시작한 후부터 무리하지 않고 솔직하게 직원을 칭찬하거나 격려할 수 있게 되었습니다. 제가 바뀌니 직원들도 회의 등에서 적극적으로 의견을 내게 되어, 예전보다 활기 넘치는 회사가 되었습니다.

_회사 경영자, 히로시마현

여기서 소개한 글은 극히 일부입니다. 사람에 따라 빠르게 변화하는 부분과 시간이 걸리는 부분이 있으니,

며칠 써보고는 '나에게는 아직 그런 놀랄 만한 변화는 없어.'라고 단순히 비교해 부정적으로 생각하지 않도록 주의하세요. 다른 사람의 후기는 어디까지나 참고만 하고 자신의 변화를 면밀하게 확인한 후 충분히 칭찬하고 기뻐하세요. 그러면 더 쉽게 큰 효과를 볼 수 있습니다.

쓸수록
내가 좋아지는 글

일단 1주일을 목표로,

1쪽에는 자신이 꿈꾸는 모습을 쓸 것

공책과 펜만 있으면 칭찬 일기를 쓸 수 있습니다. 공책은 어떤 종류든 상관없습니다. 강한 동기를 부여하기 위해 마음에 드는 특별한 공책을 준비하는 것도 좋겠죠. 귀여운 스티커나 컬러펜을 준비해 스티커를 붙이거나 색으로 구별하면서 즐겁게 일기를 쓰는 사람도 있습니다. 칭찬 일기는 되풀이해서 읽는 게 좋으므로 메모지 등에 적는 건 추천하지 않습니다.

칭찬 일기의 1쪽에는 '꿈꾸는 자신의 모습'에 관해 씁니다. 개수는 상관없으니 생각나는 만큼 씁니다. '이런 내가 되고 싶어.'라는 이미지를 떠올리며 칭찬 일기를 쓰면 효과가 상승하니 건너뛰지 말고 작성합시다. 스스로 어떻게 되고 싶은지 잘 모르겠다고 말하는 사람도 있을 겁니다. 그럴 때는 지금 자신의 모습에서 고치고 싶은 부분을 떠올려서 쓰면 됩니다. 단 '매일 화를 내지 않는다.'처럼 '…는 아니다'와 같은 부정어는 쓰지 마세요. '화를 내지 않는다.'가 아닌 '너그러운 성격이 된다.'와 같이 긍정적인 표현을 사용합니다.

좋은 문장 예시

- 나는 내가 좋아진다.

- 내 의견을 제대로 말할 수 있게 된다.

- 나는 매일 평온한 마음으로 지낸다.

- 자신감을 가지고 하고 싶은 일에 도전한다.

- 자립하는 삶을 산다.

· 의사소통 능력이 높아진다.

또한 일기이므로 매일 쓰는 게 기본입니다. 일상 속에서 당연하다고 생각하는 일을 칭찬해보세요. 먼저 1주일을 목표로 써봅시다. 1주일 하면 1주일분, 1개월 하면 1개월분, 1년 하면 1년분의 효과를 느낄 수 있습니다. 그쯤 되면 칭찬 회로도 확실히 자리를 잡습니다.

반드시 '칭찬의 말'을 사용해
칭찬하는 투로 작성할 것

예를 들어 '오늘 아침에도 조깅을 했다.'라고 쓰면 단순한 설명에 지나지 않습니다. 칭찬의 말을 붙여 칭찬하려면 '오늘 아침에도 조깅을 했다. 꾸준히 잘하고 있구나. 의지가 강해!'라고 씁니다. 친구나 어린이를 칭찬하는 것처럼 자신을 칭찬하는 겁니다.

매일 같은 걸 칭찬해도 괜찮습니다만, 가능하면 칭찬의

말을 바꿔서 써봅니다. 다양한 각도에서 자신의 장점을 찾으려고 하면 자신을 바라보는 관점이 바뀌고 효과를 빨리 느낄 수 있습니다. 뒤에 '칭찬 포인트 열 가지'(45쪽)가 나오니 꼭 참고하시기 바랍니다.

푸념이나 불만은 쓰지 말 것

'자신을 부정하는 것'과 '부정적인 감정'은 쓰지 않는 것이 좋습니다. 자신을 부정하는 습관이 있으면 자기도 모르게 자신을 거부하고 부정적인 감정이 담긴 표현을 쓰게 됩니다. 또한 보통 일기에 쓰듯이 불평과 불만을 쓰기 쉽습니다. 칭찬 일기에는 무조건 '칭찬하는 일만' 씁니다. 자신을 질책하고, 거부하고, 싫어하는 부정적인 감정이 있으면 자기 긍정감이 생기지 않습니다. 성실한 사람일수록 '이걸 바꿔야 해.' '어떻게든 고쳐야 해.'라며 자신의 단점과 맞서 싸워서 개선하려는 경우가 많습니다만, 이러면 역효과가 납니다. 뇌에 스트레스 호르몬이 증가해 '자신을 질책하는 회로'가 굵어지므로 개선하기 어려워집니다.

그럴 때는 자신을 받아들이고 인정하는 요령을 터득합시다. 예를 들어 '모두가 해내는데 왜 나만 못 하는 걸까? 난 역시 능력이 없어.'라는 생각이 들면, '이걸 해내기 위해 나는 매일 노력하고 있어. 대단해!' 하며 노력한 부분을 칭찬합니다. 그리고 '점점 할 수 있게 될 거야. 나를 조금 더 상냥하게 대하고 소중히 여기자.'라고 스스로에게 다정하게 말을 겁니다. 나의 단점에 공감하면서 노력한 부분을 칭찬하는 겁니다.

처음에는 진심으로 그런 기분이 들지 않아도 괜찮습니다. 공감하는 말을 계속 쓰다 보면 부정적인 감정은 사그라드니까요. 사그라들 때까지 계속해서 상냥하게 말을 걸어주세요. 이게 습관이 되면 '칭찬 회로'를 형성하기 쉬워져 능력도 상승하게 됩니다.

이런 날엔

칭찬 일기를 꼭 쓸 것

뇌과학에 따르면 도파민이나 세로토닌의 분비량이 늘어날 경우, 쾌감과 관련된 뇌의 경로가 작동하여 부정적인 생각을 하는 회로를 억제하기 쉽게 만든다고 합니다. '칭찬 파워'를 연구하는 뇌과학자, 시노하라 기쿠노리(篠原菊紀) 씨는 저서 『쭉쭉 좋아지는 뇌 사용법(ぐんぐんよくなる頭の使い方)』에서 "힘들 때야말로 자신을 칭찬하세요." "깊게 생각하지 말고 일단 '극찬' 합시다."라고 말합니다.

저도 똑같은 생각입니다. 힘들 때, 낙담할 때일수록 칭찬의 말을 써서 편안한 마음을 유지하는 게 좋습니다. 부정적인 감정이 강한 날에는 쓰고 싶지 않을 수도 있지만, 그럴 때일수록 칭찬 일기를 쓰며 기분을 전환하는 걸 추천합니다. 일기를 쓰고 싶지 않은 날은 아래에 있는 포인트를 기억해 뒀다가 억지로라도 칭찬하는 마음에 집중하여 글을 써봅시다. 분명 마음이 가벼워지고 부정적인 감정에서 벗어날 수 있을 겁니다.

- 자신감이 없는 날, 평소에 쓴 장점을 한 번 더 찾아서 칭찬한다.
- 불안한 날, 긍정적인 일을 찾아서 칭찬한다.
- 누군가에게 악담을 들은 날, 장점을 찾은 다음 자신을 믿고 칭찬한다.
- 상대방과의 관계가 잘 풀리지 않은 날, 상대에게 얽매이지 않고 다른 주제에서 장점을 찾아 칭찬한다.
- 실패한 날, 실패를 통해 배운 점을 칭찬한다.
- 일을 성공시키고 싶은 날, 그 결의를 칭찬한다.
- 컨디션이 안 좋은 날, 평소 몸과 마음이 어땠는지 생각하면서 좋은 점을 찾아 칭찬한다.
- 인생을 좋은 방향으로 바꾸고 싶을 때, 그 마인드를 칭찬한다.

자신의 양심에 비추어보았을 때 나쁜 일 외에는 뭐든지 칭찬합시다. 다소 거짓말처럼 보이거나 위화감이 느껴져도 괜찮습니다. 칭찬의 말을 뇌에 전달한다는 마음으로 칭찬 일기를 계속 쓰다 보면 위화감은 사라집니다. 프롤로그에도 썼습니다만 '겸손한 것=자신을 부정하는 것'이라는 그릇된 인식을 지닌 사람은 칭찬 일기에 거부감이나 위화감을 느끼기 쉽습니다. 그러나 자신을 칭찬하고 존중하는 의식이 높아지면 상대방도 존중하게 되며 상대방의 입장에서 생각하는 겸손한 마음이 밖으로 드러납니다.

그럼에도 나에게 무슨 말을,
어떻게 할지 고민이라면

좋은 점을 찾는 데 도움이 되는
'칭찬 포인트 열 가지'

다른 사람과 비교했을 때 좋은지 나쁜지를 판단하지 말고, 자신이 잘했다고 생각하는 부분이 있다면 생각나는 대로 뭐든지 쓰고 칭찬의 말을 문장의 끝에 붙여봅시다. 당연하다고 느껴지는 작은 일 중에서 칭찬할 점, 인정받을 만한 점을 찾는 게 효과를 높이는 포인트입니다. 그날 겪은 일이 아니라도 괜찮습니다. 자신의 장점, 능력, 체력 등을 칭찬합시다.

　그러나 칭찬하는 내용이 열심히 한 일이나 잘한 일뿐이면 일기를 쓰는 와중에 소재가 부족해 벽에 부딪히게 됩니다. 칭찬이라고 하면 해낸 일, 열심히 한 일을 떠올려야 한다고 생각하는 사람이 많습니다. 하지만 칭찬 일기를 계기로 이러한 관념을 완전히 깨고 자신을 다양한 각도로 본 후 좋은 점을 찾아서 칭찬하는 습관을 들이면 좋겠습니다.

　자신을 다양한 각도에서 관찰하기 위해 아래 서술된 '칭찬 포인트 열 가지'에 주목해주세요.

① 내면(성격이나 마음의 변화 등)을 칭찬한다.

　: 평소 같으면 부하에게 야단을 쳤을 텐데 잘 참았어, 난 참 대단해!

② 행동이나 움직임을 칭찬한다.

　: 매일 아침에 일어나서 아이의 도시락을 싸다니, 훌륭해.

③ 감각이나 감성을 칭찬한다.

: 영화를 보고 울고 웃는 난 감정이 풍부한 사람이구나.

④ 발상, 사고방식을 칭찬한다.

: 내가 필요한 회사가 반드시 있으리라 믿어! 이런 마음으로 취준생 생활을 하다니, 믿음직스러워!

⑤ 노력한 과정을 칭찬한다.(결과로 나타나지 않아도 괜찮습니다.)

: '칭찬 일기'를 꾸준히 쓰다니 대단해! 일기를 쓰면서 지금까지 몰랐던 자신을 발견할 수 있을 거야.

⑥ 과거의 자신을 칭찬한다.

: 지금까지 프로젝트를 진행하면서 여러 가지 일이 있었지만 잘해왔어. 대단해!

⑦ 하지 않은 것 중에서 좋은 점을 칭찬한다.

: 오늘은 단 음식을 많이 먹지 않았어. 장하다!

⑧ 신체의 움직임을 칭찬한다.

: 오늘도 내 심장은 10만 번 뛰었어. 정말 뛰어나구나. 고마워.

⑨ 외모를 칭찬한다.

: 요즘 피부가 매끈하고 깨끗하네.

⑩ 긍정적인 변화, 내적 깨달음, 자기 발견을 칭찬한다.

: 아내에게 칭찬을 듣다니 이건 엄청난 변화야! 나 정말 상냥해졌구나.

'칭찬 일기'의 가장 중요한 포인트는 '말'입니다.

머릿속으로 생각만 하면 아무것도 바뀌지 않습니다. 자신이 생각하는 방식을 바꾸기 위해 긍정적인 말을 쓰고 여러분의 뇌와 마음에 그 말을 전달하세요. 이를 반복하면 뇌에는 자신을 긍정적으로 생각하는 회로(칭찬 회로)가 제대로 만들어집니다. 71쪽 '사용하기 좋은 칭찬의 말 리스트!'가 일기를 쓸 때 참고 자료로 분명 도움이 될 것입니다.

칭찬 일기를 잘 쓰는 비결은 따라 하는 것입니다. 처음에 무엇을 칭찬해야 할지 감이 안 잡히는 분은 다른 사람이 무엇을 쓰는지 확인한 뒤 따라서 써봅시다. 이러한 과정을 통해 쓰기 능력이 향상되고 칭찬 일기의 효과도 촉진할 수 있습니다.

아래에 '칭찬 포인트 열 가지'에 해당하는 더 많은 샘플들을 준비했습니다. 다양한 각도에서 자신을 보면 새로운 자신을 발견할 수 있고 긍정감도 높아집니다. 자연스럽게 자신을 있는 그대로 인정하고 받아들이게 됩니다.

아래 소개하는 '칭찬 포인트 열 가지'는 저의 워크숍에서 시행하는 '자기 칭찬 활동'에 참가하신 분들이 칭찬한 내용입니다. 일기를 쓰다가 막히면 언제든지 이 샘플을 모방해서 써봅시다.

① **내면(성격이나 마음의 변화 등)을 칭찬한다.**

: 회사에서 실수를 해서 지적받았지만 바로 원래의 나로

돌아올 수 있었다. 요즘에는 기가 죽는 일을 겪어도 빨리 회복할 수 있다. 제대로 잘하고 있어.

: 오늘은 피곤해서 게으른 하루를 보냈지만, 나를 질책하지 않고 '이런 날도 있는 거지.'라고 받아들일 수 있었다. 나날이 발전하고 있어.

② 행동이나 움직임을 칭찬한다.

: 오늘 아침에도 도시락을 만들었어. 잘하고 있어! 애정이 있다는 증거야.

: 오늘은 아이와 캐치볼을 했다. 난 좋은 아빠야.

: 예전부터 그 사람에게 하고 싶던 말을 했어. 참 잘했어!

③ 감각이나 감성을 칭찬한다.

: 아침 산책 길에 작은 새의 지저귐에 감동하며 자연의 숨결을 기분 좋게 느끼고 있는 나, 감성이 풍부해서 좋네.

: 방 안에 장식한 꽃을 보며 마음이 온화해진 나, 정말 멋진 감성을 지녔구나.

④ 발상, 사고방식을 칭찬한다.

: 문득 마음속 고민을 엄마와 이야기해보자는 생각이 들어 상담했다. 마음이 가벼워졌다. 이야기하길 잘했어. 똑똑하구나.

: 예전 같았으면 비관적으로 받아들였을 일이지만, 긍정적으로 발상을 전환할 수 있게 되었다. 이 느낌 그대로 가자. 굉장히 잘하고 있어.

⑤ 노력한 과정을 칭찬한다.(결과로 나타나지 않아도 괜찮습니다.)

: 칭찬 일기를 가끔 못 쓴 날도 있었지만, '완벽하게 못 하다니 실패야.'라고 생각하지 않고 계속하려는 내 모습이 훌륭해.

: 취업 준비를 열심히 하고 있지만 좀처럼 좋은 결과가 나오지 않네. 하지만 열심히 여기저기에 이력서를 넣고 있는 내가 씩씩하고 멋져. 반드시 좋은 결과를 낼 거야. 걱정할 필요 없어.

⑥ 과거의 자신을 칭찬한다.

: 중학생 때 학교에 적응하기 힘들어서 그만두고 싶다는 생각을 자주 했는데 지금은 '힘들어도 끝까지 학교에 다닌 난 대단해.'라고 생각하게 되었다. 정말 대단해. 앞으로 어떤 일이 있어도 극복해나갈 수 있다고 긍정적으로 생각하게 된 것도 대단해. 나는 사실 강한 사람이구나.

: 과거에 힘든 일이 많이 있었지만 하나씩 노력했기에 지금에 이르렀다는 생각이 들어. 지금까지 잘해왔구나. 대단해. 이제 괜찮아, 앞으로는 행복한 일이 많이 생길 거야.

⑦ 하지 않은 것 중에서 좋은 점을 칭찬한다.

: 1주일 중 3일은 술을 마시지 않겠다고 결심해서 어젯밤에는 마시지 않았다. 의지가 강하네. 앞으로는 건강에 주의하고 좋은 음식을 섭취하도록 더 신경 쓰자.

: 안 좋은 일이 있으면 뭐든지 다른 사람 탓으로 돌리는 습관 때문에 가족을 자주 비난했는데 최근에는 그런 일이 거의 없네. 마음이 넓어진 것 같아. 놀라운걸?

⑧ 신체의 움직임을 칭찬한다.

: 매일 아침 출근 전에 조깅을 하니 몸이 한결 가벼워지고 건강해진 기분이야. **훌륭해.**

: 내 위는 뭐든지 소화해주는 대단한 힘을 지녔어.

⑨ 외모를 칭찬한다.

: 칭찬 일기를 쓰기 시작한 후로 눈이 예뻐졌다는 말을 듣곤 하는데, 나도 그렇게 생각해. **반짝반짝 빛나고 멋진 눈이야!**

: 최근 미용실을 바꾸고 머리 스타일도 바꿔보았다. 굉장히 귀여워.

⑩ 긍정적인 변화, 내적 깨달음, 자기 발견을 칭찬한다.

: 작은 일도 칭찬하며 자신의 장점을 알아가니 지금까지 싫어했던 사람에게도 좋은 면이 있다는 걸 깨닫게 되었다. 성장한 나를 느끼다니, **정말 기쁘고 훌륭해.**

: "아, 하기 싫어."가 입버릇이었는데, 최근에는 "열심히 해보자!"라고 자신에게 말한다. 일이 잘 풀리지 않아도

짜증 나는 기분이 오래가지 않고 **빨리 전환을 할 수 있게** 되었다. 긍정적인 변화를 실감하고 있는 내가 자랑스럽다. 칭찬 일기를 잘 써왔구나. 성과를 올리다니 대단해.

: 화내는 일이 줄어서 **종일 평온한 기분으로** 지내는 날이 많아졌다. 자신을 있는 그대로 받아들이면 바깥세상을 대할 때 관대해질 수 있다는 걸 알게 되었다. 이런 나를 다시 보게 되었다.

어떤가요? 특히 '긍정적인 변화, 내적 깨달음'을 알아차리고 쓰다 보면 칭찬 일기의 효과를 크게 높일 수 있습니다. 1~2주에 한 번 정도는 이 항목에 관해 되돌아보는 시간을 가지는 게 가장 좋습니다. 조용히 자신을 의식하면서 긍정적인 변화나 깨달음을 찾으려고 하면 마음이 안정되고 편안해집니다. 원래 자신의 모습을 되찾고 기분을 전환한다는 의미에서도 칭찬 일기는 굉장히 효과적입니다.

기적을 부르는 '칭찬 일기', 제대로 활용하기

'쓸 게 없어!'라는

생각이 든다면

매일 칭찬 일기를 쓰다 보면 더 이상 쓸 게 없다는 생각이 들 때가 있습니다. 그럴 때는 다음 중 해당하는 항목을 확인한 후 다시 도전해보시기 바랍니다. 이전 항목에서 나온 '칭찬 포인트 열 가지' 샘플 모음도 참고해주세요.

'이런 일은 칭찬할 가치가 없는 게 아닐까?'라고 마음대로 단정 짓지 않았나요?

아무리 사소한 일이라도 칭찬합시다. 여러분이 떠올린 일들은 모두 칭찬할 가치가 있습니다. '나는 왜 ○○ 씨만큼 못할까!'라며 자신을 다른 사람과 비교하고 있다면, '나는 나'라고 생각을 바꿉시다. 다른 사람이 여러분의 칭찬 일기를 읽을 일은 없으니 걱정하지 말고 마음껏 칭찬합시다.

열심히 한 일이나 행동만 칭찬하지 않았나요?

내면적으로 겪은 일이나 생각한 일, 느낀 일 등에도 관심을 가지고 칭찬합시다. 예를 들어 다큐멘터리 프로그램이나 뉴스를 보고 '영상미가 뛰어나서 감동했어.'라든지 '문제를 해결할 수 있는 아이디어가 떠올랐다.' 등 번뜩이는 생각이나 마음의 변화 등도 놓치지 말고 칭찬합시다. 자신도 몰랐던 모습을 발견하는 계기가 될 겁니다.

뭔가 특별한 일이 있어야 칭찬할 수 있다고 생각하나요?

매일 반복되는 일상에도 관심을 가집시다. '아침밥을 제대로 챙겨 먹다니 대단해!' '산뜻한 미소로 동료에게 인사하다니, 난 애교가 있구나.' '다른 곳에 들르지 않고 집에 왔어. 착실하네.'처럼 하루 일과 중 느낀 점이나 행동들을 떠올리고 칭찬할 일을 생각해보세요. 이러한 과정에서 '칭찬 회로'가 제대로 만들어집니다. 어지간해서는 하루에 특별한 일이 몇 번이나 생기진 않습니다. 극히 당연한 일 중에 소중한 것이 숨어 있을 수 있으니 별일 아니라고 넘기지 마세요.

자신의 몸에 어떤 변화는 없었나요?

'오늘은 얼굴빛이 평소보다 좋았어. 건강해졌구나.' '손톱이 길게 자라서 깎았다. 부지런하게 손톱 관리도 하고 역시 대단해.' '오늘 헤어 스타일이 잘 어울리네. 멋있어.'

위 문장처럼 자기 신체의 변화나 그에 따른 자신의 행동 등을 칭찬해보세요. 이를 반복하다 보면 자신을 사랑스럽게 여기는 마음이 샘솟는답니다.

칭찬하는 데
질렸다면

"칭찬 일기를 쓰는 데 질렸어요."라는 고민을 들을 때가 있습니다. 그럴 때는 거울을 보면서 지금까지 쓴 칭찬 일기를 소리 내어 읽거나, 소리 내어 자신에게 칭찬의 말을 들려주면, 말의 에너지와 소리의 울림이라는 두 가지 측면에서 뇌에 큰 쾌감과 자극을 주게 됩니다.

한 가지 더 추천하는 방법은 자신만의 '칭찬 주문'을 만드는 것입니다. 칭찬 주문이란 자신에게 칭찬의 말을 계속함으로써 말에 담긴 혼의 힘으로 잡념을 물리치고 몸과 마음에 긍정적인 에너지를 채우는 자신만의 독창적인 주문입니다.

만드는 법은 간단합니다. 아래에 있는 것처럼 자신에게 해주고 싶은 칭찬의 말을 죽 써놓고 경이나 주문을 외듯이 말합니다. 작성한 걸 항상 들고 다니면서 무슨 일이 있을 때 꺼내서 읽는 것도 좋습니다. 불안한 기분을 전환할 때나 침울해지려고 할 때, 안 좋은 마음을 떨쳐내고 부정적인 감정을 바꿀 때 도움이 됩니다.

괜찮아 / 난 할 수 있어 / 노력도 하고 있어 / 잘하고 있어 /
대단해 / 열심히 하고 있구나 / 희망을 품고 나아가자 / 실
현할 수 있어 / 굉장해 / 꿈은 이루어진다 / 반드시 이루어
진다 / 내 인생은 잘될 거야 / 안심해도 돼 / 나라면 끝까
지 해낼 거야 / 장하네 / 장래는 밝아 / 미래는 행복할 거야
/ 나는 우주와 이어져 있어 / 나는 일도 잘해 / 나는 장점
이 많아 / 머리도 좋아 / 칭찬 일기를 쓰고 있으니 괜찮아

어떤 일을 하다가 질렸을 때, 이를 극복할 기폭제 역할을
하는 게 즐거움입니다. 저는 개인 수업 등을 할 때도 칭찬 주
문을 자주 추천하는데, 직접 해본 수강생들은 효과가 뛰어나
다고 호평합니다. '기운이 난다. 좋아~, 이대로 가자!' '힘이
많이 난다. 나의 뇌는 대단해.' 등 나의 삶의 변화를 쉴 새 없
이 칭찬합시다. 기분이 좋아져서 계속하고 싶은 마음이 들고
즐거워집니다.

수능 공부를 하던 한 여학생이 올해 2월에 기쁜 소식이 담
긴 메일을 보내주었습니다. 사회 복지학부에 무사히 합격했

다는 소식이었습니다. 저는 이 여학생의 주변 상황이 복잡하고 미래에 대해 불안해할 때마다 여러 가지 조언을 해왔습니다. "사회복지사의 길은 지금부터지만, 원하는 대학에 가게 되어 정말 기뻐요! 제가 꿈꾸던 모습이 되기 위해 칭찬 일기를 쓰고, 칭찬 주문을 외고⋯. 앞으로도 일기는 계속 쓰겠습니다."라는 여학생의 힘찬 말에 가슴이 벅찼습니다. 여러분도 꼭 자신만의 '칭찬 주문'을 만들어보시기 바랍니다.

'살아가는 것'은 칭찬받을 일

'오늘 하루 잘 보냈구나, 대단해!'

'오늘도 심장이 제대로 뛰었어. 살아 있는 것만으로도 훌륭해!'

위 문장처럼 여러분이 이 세상에 태어난 것, 제대로 살아 있는 것이 가장 칭찬받아야 할 일입니다. 신체 부위를 하나씩 칭찬하다 보면 분명 다 쓸 수 없을 정도로 장점을 많이 발견할 수 있을 겁니다. 또한 하늘을 올려다보며 구름의 모양을 보거나, 바람을 느끼며 지나간 곳을 좇거나, 달이나 별을 바라보면서 느끼는 것, 깨달은 것 등을 칭찬해보면 일상 속에 칭찬할 부분이 아주 많다는 걸 알게 될 것입니다.

칭찬할 부분을 찾지 못하는 걸 나무라지 마세요. 초조해하지 말고 '매일 같은 걸 찾아도 괜찮아! 점점 잘하게 될 거야. 이렇게 여유를 갖고 생각하다니 난 좋은 사람이야.'라고 칭찬해주세요. 생명이 아주 기뻐할 것입니다.

효과를 쭉쭉 올리는
열 가지 방법

큰마음을 먹고 칭찬 일기를 썼다가 잘못되거나 효과가 나지 않는 방법으로 글을 써서 시작한 지 얼마 되지 않아 지치는 경우가 있습니다. 이럴 때는 쓰기만 하는 게 아니라 되풀이해서 읽으면 더 높은 효과를 낼 수 있습니다. 칭찬 일기를 효과적으로 쓰는 방법을 다음 열 가지 포인트로 나누어서 설명하겠습니다.

① 불평이나 불만은 쓰지 않는다 – '칭찬 회로'를 방해하지
   않는다

   불평과 불만은 부정적인 말입니다. 쓰면 쓸수록 칭찬 회
   로의 형성을 방해합니다. 이래서는 모처럼 말에서 힘을
   얻으려고 해도 역효과가 날 뿐이죠. 글로 쓰지 않는다고
   해도 '아~ 힘들다, 싫다' 등 무의식중에 자신에게 부정
   적인 말을 하거나 생각하면 똑같이 역효과가 납니다. 무
   의식중에 말이 나온 다음 알아차린 경우에는 긍정적인
   말로 바꿔 말해봅시다.

   예를 들어 지친 걸 못마땅하게 생각하는 마음이 생기면
   '오늘은 정말 열심히 했구나!'라고 고쳐 생각합니다. 이
   걸 의식하고 있으면 기분을 빨리 전환할 수 있습니다.

② 같은 일이라도 시점을 바꾸어서 칭찬한다 – 유연한 사고
   방식을 가지게 된다

   매일 같은 걸 칭찬하는 것도 괜찮습니다. 다만 같은 일이

라도 조금 관점을 바꾸어서 칭찬하면 신선함이 느껴지는 동시에 유연한 사고방식을 가질 수 있습니다.

예를 들어 전날 '아침밥을 제대로 챙겨 먹다니 대단해!'라고 칭찬했다고 가정합시다. 오늘은 같은 일이라도 '아침부터 식욕이 있다니 건강하다는 증거야.'라고 칭찬할 수 있습니다. 또는 '아침밥을 먹을 수 있는 게 행복한 일이라는 걸 깨달은 난 대단해.' '매일 아침 몸을 생각해서 아침을 먹는 건 자신을 소중하게 생각하는 마음이 생겼기 때문이야. 훌륭해.' 등 여러 가지 방식으로 칭찬할 수 있습니다.

③ 다른 사람과 비교하지 않는다 – 나를 지키는 건 나다

만약 다른 사람은 할 수 있고 자신은 할 수 없는 일이 있더라도 자신을 비난해서는 안 됩니다. 칭찬 일기는 애초에 자신의 장점을 발견하는 활동이니 다른 사람과 비교해서 점수를 매기지 않습니다. 항상 '있는 그대로의 나'를 받아들이고 인정하며 칭찬합시다. 내 편은 바로 나입니다.

상대방의 장점을 보고 그걸 칭찬하는 건 좋습니다. 자신과 비교하는 것과는 다르니 안심하고 칭찬하셔도 됩니

다. 하지만 '나는 못 하는데 너는 ○○를 할 수 있다니 멋지네.'와 같이 자신을 비하하면서 칭찬하는 방식은 비교하는 게 되어버립니다. 이러한 표현은 자신도 모르는 새에 스스로에게 상처를 줍니다.

④ 자신의 감정을 무시하지 않는다 – 감정을 솔직하게 받아들이고 공감하기

해선 안 된다고 생각한 일을 해버렸어도 자기를 심하게 비난하지 마세요. 예를 들어 엉겁결에 감정적으로 화를 내고 나중에 마음속으로 후회하거나 비난하는 경우가 있습니다. 그대로 두면 계속 마음을 정리할 수 없으니 이렇게 바꾸어 말(생각)합니다.

'그런 일이 있으니까 화가 난 거야. 그건 화날 만한 일이지. 그래, 맞아. 충분히 이해해.'라고 친구의 이야기에 공감하듯이 상냥하게 자신에게 말을 겁니다. 그리고 '이런 일로 주변에 화풀이하는 사람은 되지 말자. 괜찮아, 할 수 있어.'라고 긍정적인 방향으로 말(생각)합니다. 이렇게 비난하지 않고 자신의 솔직한 감정을 받아들이면 빠

르게 긍정적인 기분으로 전환할 수 있습니다.

⑤ **때때로 다시 읽는다 – '칭찬 회로' 활성화하기**

칭찬 일기를 다시 읽으면 과거 자신에게 쓴 칭찬의 말을 반복하게 됩니다. 이는 자기 자신을 응원하고 기운을 북돋우는 행동입니다. 칭찬 회로를 더욱 두껍게 만들어 도파민과 같은 쾌감 호르몬의 분비를 촉진합니다. 자기만의 방식과 속도대로 일기를 읽어도 되지만 1주일에 한 번 정도는 다시 읽으면서 자신의 장점을 재확인하는 게 가장 좋습니다.

칭찬 일기는 여러분의 모든 것을 칭찬해주는 연인이자, 친구, 특별한 비법이 담긴 보물입니다. 소중하게 여기고 효과적으로 활용합시다.

⑥ **소리 내어 읽으면 뇌는 더욱 기뻐한다 – 소리 내어 읽어서 '칭찬 회로'를 더욱 활성화하기**

눈으로 읽는 것뿐만 아니라 가끔 소리를 내서 읽으면 뇌에 좋은 자극을 많이 줄 수 있습니다. 칭찬 회로를 두껍게 하는 칭찬의 말을 직접 입으로 말하고 귀로도 듣기 때문이지요. 여러분이 애써 쓴 긍정의 말이니 뇌를 더욱 기쁘게 하여 생명 속에서 더 좋은 것을 이끌어냅시다.

⑦ 컴퓨터보다는 손으로 쓰자 – 뇌과학으로도 증명되다!
손 글씨의 효능

컴퓨터나 스마트폰 등으로 글자를 입력하는 데 익숙하면 그게 쉬운 방법이라는 생각이 들 겁니다. '왜 일부러 공책에 써야 해?'라고 의문을 품을 수도 있습니다. 저는 오랜 세월 "손 글씨가 긍정감을 이끌어내기 쉽다."라고 설명해왔습니다. 이는 책의 처음에 소개한 것처럼 뇌과학으로도 증명된 사실입니다. 도호쿠 대학의 교수인 가와시마 류타(川島隆太) 씨도 이렇게 말했습니다. "최근 진행한 뇌 연구를 통해 IT 기기에 전두전야의 혈류를 낮추는 성질이 있다는 것을 알게 되었습니다. 즉 전두전야가 쉬는 상태인 거죠."

앞서 말했듯 전두전야는 뇌 내 전두엽의 앞부분으로, 이 전두엽은 사고력이나 창의력, 감정 조절 등을 관장하고

있습니다. 실제로 손을 움직이는 경문 베끼기나 색칠 공
부가 전두엽을 비롯해 뇌의 모든 부분을 활성화한다고
알려진 것처럼, 같은 말을 써도 컴퓨터와 손 글씨가 뇌
에 작용하는 정도는 다릅니다. 외출했을 때 '오늘은 이
걸 칭찬하자.'라는 생각이 들면 스마트폰에 메모해뒀다
가 집에 돌아와서 칭찬 일기에 베껴 쓰는 등 디지털과 아
날로그를 적절하게 나누어서 사용하는 것도 좋습니다.

⑧ 당연하다고 생각한 일을 다시 확인한 후 칭찬한다 – 발
상의 전환
일부러 특별한 일을 찾으려고 할 필요는 없습니다. 매일
아무렇지 않게 하던 일(예를 들어 주부라면 집안일, 회사원이
라면 아침 인사 등)에 주목해봅시다. 당연하게 여기며 하던
일에도 칭찬받을 가치가 있는 것들이 많습니다. 하루를
돌이켜보고 일기를 쓴다는 감각으로 작성하면서, 반드시
마지막에는 '자신을 칭찬하고' 끝내도록 신경 씁니다.

⑨ **격려의 말, 다정한 말을 덧붙여 쓴다 – 셀프 힐링 기술**

'잘하고 있어, 그렇게 하면 돼. 잘했네.' '이만큼 노력했으니 그것만으로도 훌륭해! 자신을 믿자.' 자신이 직접 격려하거나 다정한 말을 덧붙이려고 신경 쓰면 칭찬 파워의 효과는 배가 됩니다. 물론 다른 사람이 건넨 말로 힐링할 때도 있지만, 스스로에게 하는 말로도 충분히 자신을 치유할 수 있습니다.

⑩ **희망을 품고 이루고 싶은 일도 덧붙인다 – '칭찬 회로' 강화 & 희망 실현**

이미 말씀드렸듯이 칭찬 일기의 가장 중요한 포인트는 말입니다. 말에는 생각(감정)과 사고를 바꾸는 힘이 있습니다. 생각과 사고는 이미지를 만듭니다. 이미지는 무언가를 이루어내는 힘을 지니고 있습니다. '생각하는 대로 실현된다.' '이미지는 실현된다.'는 건 생각과 이미지의 근원인 말속에 말의 내용을 실현하는 힘(에너지)이 있다는 뜻입니다.

일본인은 나라 시대 때부터 이 사실을 알았고 말이 지

닌 힘을 '고토다마(言霊)'라고 불렀습니다. '칭찬 회로'
를 만들면서 고토다마도 활용해 여러분의 희망을 이루
어냅시다. 이를 위해서는 자신을 칭찬한 후 원하는 일을
매일 덧붙여서 써야 합니다. 예를 들어 '오늘도 영어 회
화 연습을 세 시간 했다. 열심히 했구나. 대단해. 곧 통역
업무도 할 수 있을 거야. 좋은 일이 곧 생길 거야.' '칭찬
일기를 쓴 지 오늘로 2년째다! 만세! 꾸준히 잘했구나.
케이크 가게를 열겠다는 나의 꿈을 반드시 이룰 거야. 꾸
준히 열심히 하자.'와 같이 씁니다.

일기를 쓰기 어렵다면
'칭찬 수첩'을

이 책에서는 자신을 칭찬하는 내용을 일기장에 쓰는 걸 전제
로 진행하고 있습니다만, 생활과 일의 상황에 따라 일기장에
쓸 시간이 없거나 일기를 쓰기 어려워하는 사람도 있을 겁니
다. 그렇다면 융통성을 발휘해 가계부의 빈 곳에 일기를 쓰

거나, 육아 일기에 자신을 칭찬하는 말을 1~2줄 추가해도 좋습니다. 특히 바쁜 회사원에게는 '칭찬 수첩'을 추천합니다. 스케줄 수첩은 매일 열어서 보는 것이니 떠오른 것들을 빨리 적기에 가장 적합합니다.

칭찬 수첩은 더 의욕적으로 일하고 싶은 사람, 자기 관리 능력을 높이고 싶은 사람, 부하 직원을 칭찬하는 사람이 되고 픈 사람 등에게 좋은 평가를 받았습니다. 칭찬 수첩을 꾸준히 기록하고 있는 사람은 '부주의로 인한 실수가 줄었다.' '좋지 않은 사안에도 침울해하지 않고 대처할 수 있게 되었다.' '영업 실적이 올랐다.' '긴장하지 않고 프레젠테이션을 할 수 있게 되어서 상사에게 칭찬을 들었다.'라고 말했습니다. 매일의 업무를 자기 긍정감을 가지고 마주할 수 있느냐 없느냐는 인생에도 큰 영향을 미치는 중요한 일입니다. 수첩에 칭찬의 말을 쓰는 것만으로 자기 긍정감이 상승한다면 시도하지 않을 이유가 없겠지요.

지금까지 설명한 대로 칭찬 일기는 단순히 있었던 일을 설명하는 것으로 끝나지 않고 반드시 자신을 칭찬하는 말을 사용합니다. 다음 페이지의 '사용하기 좋은 칭찬의 말 리스트!'를 참고하여, 사용한 적 없는 칭찬의 말도 계속 써서 익숙해지도록 합시다.

자신의 칭찬 일기 표지 뒷면에 '칭찬의 말 리스트'를 복사해서 붙이고 일기를 쓸 때마다 리스트를 보면 좋습니다. 화장실이나 부엌에 붙이고 매일 읽는 사람도 있습니다. 칭찬의 말을 늘리기 위해 여러분 나름대로 궁리해봅시다.

잊지 마세요! 칭찬할 부분을 찾아서 쓰고, 마지막에는 반드시 '칭찬의 말'로 끝내야 합니다!

사용하기 좋은 칭찬의 말 리스트!

마음이 넓어 / 정말 잘했어 / 나무랄 데가 없어 / 뛰어나 / 제대로 하고 있어 / 씩씩한 나, 자랑스러워 / 나이스!

○○(자신의 이름) / 나의 힘이 강해졌어 / 마음이 굳센 사람이구나 / 훌륭해 / 발전하고 싶어 하는구나 / 긍정적이야 / 제법 잘하네 / 끈기 있어 / 멋져 / 한 단계 상승했어 / 장래가 밝아 / 어른스러워 / 대단해 / 반짝반짝 빛나 / 이게 나의 강점이야 / 친절한 내가 좋아 / 그게 좋은 점이야 / 현명해 / 사랑스러워 / 머리가 좋아 / 당당해서 멋져 / 배려심이 많네 / 장하다 / 황홀해 / 최고야 / 결단력이 있어 / 센스 있어 / 너그러워 / 호감도가 올랐어 / 관대해 / 포스가 있어 / 미래가 유망해 / 그릇이 커 / 감성이 풍부해 / 근사해 / 웃는 모습이 보기 좋아 / 좋은 엄마(아빠)야 / 더 발전해서 기뻐 / 두뇌가 명석해 / 장래성이 있어 / 열심히 하고 있어 / 귀여워 / 해냈다 / 기특하다 / 용기 있어 / 매력 있어 / 책임감 있어 / 성실해 / 성과를 냈어 / 인간성이 좋아 / 존경받을 가치가 있어 / 좋은 느낌이야 / 공감을 잘해서 좋아 / 지혜로워 / 추진력 있어 / 다정다감해 / 최선을 다했어 / 난 포용력이 커 / 상냥해 / 똑똑해 / 인정받을 만해 / 자기표현을 잘해 / 융통성이 있어 / 이해력이 좋아 / 유연해 / 생기 넘쳐 / 분위기가 밝아졌어 / 유머러

스해 / 믿음직스러워 / 의지가 강해 / 판단력이 좋아 / 장
점이 많아 / 학습력이 뛰어나 / 신뢰를 얻고 있어 / 만족스
러워 / 재치 있어

Chapter 02.

하루 3분,
행복을 발견하는
기적의
글쓰기

칭찬 일기,
효과를 두 배로 높이는 법

초조해하지 말자,

효과는 사람마다 다르다

'칭찬 일기'를 실천한 후 여러분에게 어떤 변화가 일어났나요? 1주일~한 달 정도 실천했을 때 확실한 효과가 보이고 실제로 일상이 눈에 띄게 바뀐 분은 생명을 대하는 감성이 섬세하고 유연한 사고를 할 수 있는 분이라고 볼 수 있습니다. 하지만 당연히 사람에 따라 변화나 효과에는 차이가 있습니다.

예를 들어 F 씨는 어린 시절, 시험에서 90점 이상을 받지 못하면 부모님께 혼이 났다고 합니다. 85점으로 반에서 1등을 했을 때도 "그 정도로 우쭐해지면 안 된다."라고 혼나는 등 칭찬받은 적이 없었습니다. 이 때문에 칭찬 일기를 쓸 때도 어디선가 부모님의 화내는 목소리가 들려오는 것 같아서 순조롭게 진행할 수가 없었다고 합니다.

결론을 말하자면, 자기 부정감이 강하고 만성적인 스트레스에 시달리는 분은 효과가 보일 때까지 시간이 좀 걸릴 수 있습니다. 구체적으로는 어떠한 이유로 자신을 칭찬하는 것에 심한 거부감이 있거나, 스트레스로 집중력이 떨어져 있거나, 부정적인 말을 자주 듣는 환경에 있다면 효과가 빨리 보이지 않을 수 있습니다. 하지만 초조해하지 않아도 됩니다. 칭찬 일기는 자신을 위해서 쓰는 것이니 다른 사람과 비교하지 말고 자신의 습관이나 환경을 살펴본 후 자기만의 페이스를 파악하도록 합시다. 최근 스케라는 분께서 이런 메시지를 보내주셨습니다.

"올해 8월 중순부터 칭찬 일기를 쓰기 시작했습니다. 시작한 후 약 2개월 정도는 연속으로 3~4일 정도밖에 쓰지 못했습니다. 하지만 11월에는 하루도 빼먹지 않고 칭찬 일기를 썼습니다. 일기를 쓴 1개월 동안 저에게 일어난 변화를 말씀드리겠습니다.

먼저 일기를 쓰기 시작한 지 2주 정도 지났을 때부터 자연스럽게 웃으며 지내는 시간이 늘어났습니다. 그다음 제 머릿속에 떠오르는 말에 변화가 생겼습니다. 지금까지는 '이렇게 열심히 하는데 왜 잘 안 되는 거야.' '왜 나만 나쁜 놈 취급을 받아야 하는 거야.' 등 부정적인 말들이 제 머릿속을 차지하고 있었습니다. 하지만 이제는 부정적인 말들이 '나는 할 수 있다.' '나는 성장할 것이다.' '행복해질 수 있다.' '모두가 웃게 될 것이다.'와 같은 긍정적인 말로 바뀌었습니다. 무엇보다 가장 큰 변화는 무언가 실패했을 때 느끼는 감정입니다. 예전에는 실패하면 필요 이상으로 우울해졌고 감정을 정리하지 못한 채 행동해서 또 다른 실패를 반복하기 일쑤였습니다. 하지만 최근에는 무언가 실패해도 '도전한 자신을 칭찬한다.' '실패를 인정한 나의 솔직함을 칭찬한다.' '실패해도 필요 이상으로 우울해지지 않고 원래의 마음가짐을 되찾은 날 칭찬한다.' '다음에 같은 실패를 하지 않도록 구체적인 대책을 생각한 것을 칭찬한다.'라고 생각하게 되었습니다. 조금 전에도 말씀드렸습니다만, 이것은 저에게 아주 큰 변화입니다.

앞으로 여러 가지 벽에 부딪히겠지만 극복할 수 있겠다는 생각이 들었습니다. 그리고 앞으로도 칭찬 일기를 계속 쓸 생각입니다."

_ 스케 씨

스케 씨의 후기가 여러분에게 응원의 메시지가 된다면 저는 더할 나위 없이 행복할 것입니다. 효과가 바로 나타나는 사람과 그렇지 않은 사람을 포함한 모든 인간의 생명에 한없이 큰 가능성이 내재되어 있다는 사실에는 변함이 없습니다. 초조해하지 말고 착실하게 칭찬 일기를 실천해보시기 바랍니다.

그래도 별 효과가 없다면,
'쓰는 법'을 다시 보자!

효과가 안 느껴지거나 보이지 않는 분은 칭찬 일기 쓰는 법을 확인해봅시다. 소중한 시간과 에너지를 칭찬 일기에 쓰는 것이니 효과를 실감할 수 있는 방법으로 바꿔나갑시다. 이미 여러 가지 변화를 느낀 분도 더 좋은 결과를 낼 수 있도록 자가 점검을 해보면 좋습니다.

칭찬 일기의 주어는 '나, 나의 이름'으로 하고 있나요?

주어를 '당신은', '너는' 등 제삼자에게 말하듯이 쓰지 맙시다. 1인칭으로 자신에게 말을 걸듯이 적습니다.

: 오늘도 일에 집중한 난 대단해. ○
: 오늘도 일에 집중한 너는 대단해. X

부정적인 감정을 전환하고 있나요?

칭찬 일기를 쓰다 보면 부정적인 감정을 능숙하게 전환할 수 있게 됩니다. 비록 감정이 잘 전환되지 않아도 칭찬 일기에 부정적인 일이나 불만 등은 쓰지 않습니다. 그날 겪은 부정적인 일을 잔뜩 쓴 다음 마지막에 '그래도 열심히 했네.'와 같은 한 줄로 칭찬하는 방식은 하지 마세요. 이렇게 쓰는 게 습관이 되면 '칭찬 회로'를 만드는 데 방해가 되고 부정적인 회로가 두꺼워집니다. 결국 칭찬 일기의 효과를 느낄 수 없게 되어버립니다.

1장에서는 자신에게 공감하는 말에 관해 '처음에는 진심으로' 공감되지 않아도 괜찮다고 썼습니다만, 칭찬 일기에 익숙해지면 서서히 '진심으로' 공감하게 만들어 부정적인 감정을 전환하는 힘을 기르게 됩니다. 이때 자신의 작은 변화도 놓치지 말고 '긍정적인 변화'로 인정하고 칭찬해주세요. 이렇게 계속하면 큰 변화가 생깁니다.

감각, 감성, 생각 등을 칭찬하고 있나요?

'칭찬 포인트 열 가지'(45쪽)에 따라 다양한 각도에서 자신을 관찰하고 칭찬하나요? 눈에 보이는 행동이나 열심히 한 것을 칭찬하기는 쉽지만, 거기에만 치중하면 벽에 부딪힙니다. 자신에게 보이지 않는 부분(감각이나 감성, 발상이나 내면의 장점 등)에도 관심을 가지고 칭찬합시다.

예를 들어 여러분이 단풍이 든 가로수의 아름다움에 감동했다면, 자기 내면의 풍요로움을 발견한 것입니다. 그런 자신을 칭찬하고 더욱 키워나가시기 바랍니다. 매일 '칭찬 포인트 열 가지'를 모두 적용해 쓰는 건 시간도 걸리고 힘듭니다. 하루에 두 개의 포인트를 선택해서 쓰는 사람도 있고, 평일에는 딱히 포인트대로 쓰지 않다가 주말에는 시간을 들여 '열 가지 포인트'에 맞추어서 작성하는 사람도 있습니다. 여러분이 쉽게 할 수 있는 방법을 생각해보세요.

칭찬의 말의 어휘가 적지 않나요?

'대단해', '훌륭해' 등 한정된 단어만 사용하면 매너리즘에 빠지기 쉽고 싫증이 날 수 있습니다. 앞에서도 말씀드렸습니다만 '사용하기 좋은 칭찬의 말 리스트'(71쪽)를 복사해서 여러분의 칭찬 일기 표지 뒷면에 붙여놓으면, '여기에는 어떤 칭찬의 말이 어울릴까?'라고 생각했을 때 바로 리스트를 보고 칭찬의 말을 선택할 수 있습니다. 많은 칭찬의 말을 사용함으로써 자신을 풍요로운 존재로 받아들이는 마음도 확실히 자리 잡습니다. 또한 하나의 일에 다양한 칭찬의 말을 사용하면 칭찬의 말을 한 만큼 뇌에 전달되어 효과가 올라갑니다.

지난 워크숍에서 다음과 같이 스스로를 칭찬한 사람들이 있었습니다.

"체력을 키우기 위해 매일 아침 조깅을 하기로 결심한 지 오늘로 3개월이 되었다! 대단해, 잘하네, 의지도 강하고 믿음직해!"

"미용과 건강을 위해 오늘도 채소로 요리를 만들어 먹었다. 자신을 소중히 여기는 마음이 훌륭하네. 채소로 만들 수 있는 요리가 늘었고 솜씨도 늘었어. 나는 천재야."

하나의 일을 다양한 각도에서 칭찬하는 그들의 이야기를 들으며 칭찬 일기를 잘 쓰고 있다고 생각했습니다.

일기를 쓰는 데 얼마나 집중하나요?

칭찬 일기는 언제 어디서든 쓸 수 있습니다. 시간이 없는 사람은 3~5분만 써도 괜찮습니다. 1~2주로도 변화를 느낄 수 있지만, 잘 모르겠다는 분들은 조금 긴 시간을 들여서 써 보세요. 무언가를 하는 김에 쓰는 게 아니라 칭찬 일기에만 집중해서 글을 써보는 겁니다.

긍정적인 면을 찾기 위해 집중하는 시간을 가지면, 자신을 긍정하는 의식이 지속됩니다. 자연스럽게 뇌 내 행복 호르몬이 늘어날 뿐만 아니라 뇌파가 α파로 바뀝니다. 심신이 안정되면 잠재된 능력을 밖으로 쉽게 드러낼 수 있게 됩니다.

어느 정도 계속할 수 있었나요?

뭐니 뭐니 해도 계속하면 큰 힘을 이끌어낼 수 있습니다. 1개월 정도는 변화가 많이 느껴져서 즐거웠는데 점점 매너리즘에 빠져서 그만두신 분은 여기에 나와 있는 쓰기 방법을 확인해보고 다시 시작해봅시다.

일기를 계속 써서 여러 가지 긍정적인 변화를 깨닫거나 자기 발견을 하면, 자신의 생명이 지닌 힘을 믿게 되어 자기 긍정감이 확고하게 자리 잡습니다. 또한 목표 달성과 희망 실현을 위해 충실감과 기대감을 가지고 즐겁게 노력할 수 있게 됩니다. 불안감이나 자신을 불신하는 마음을 지닌 채로 노력하는 것과 희망을 실현하기 위해 즐겁게 나서는 여정에는 큰 차이가 날 게 분명합니다. 무언가 이루려는 목표가 있는 분은 꼭 칭찬 일기의 힘을 활용해보시기 바랍니다.

'칭찬 100개 노크'에 도전!

여러분은 하루에 '칭찬의 말'을 몇 개 정도 쓰시나요? 하루에 3~10개 정도 칭찬의 말을 쓰는 분이 가장 많을 겁니다. 그런 분께 '칭찬 100개 노크'를 추천합니다.

- 매너리즘에 빠져서 칭찬 일기의 효과를 느끼기 어려워졌다.
- 부정적인 감정이 잘 바뀌지 않는다.
- 자신의 진짜 마음을 몰라서 갈피를 못 잡고 있다.
- 큰 선택을 하기 전 잡념을 떨쳐내고 해답을 찾고 싶다.

이런 경우에는 꼭 도전해보세요. 방법은 아주 간단합니다. 한 번에 100개의 칭찬을 계속 쓰는 것입니다. 사소하거나 당연한 일이라도 괜찮습니다. 평소 칭찬 일기에 쓴 것과 내용이 겹쳐도 괜찮습니다. 일단 집중해서 칭찬을 100개 쓰면서 마음에 노크를 합니다. 실제로 '칭찬 100개 노크'를 진행한 사람의 후기를 소개해보겠습니다.

"어떤 일을 계기로 아버지와 갈등을 겪어왔고 아버지를 용서하지 못한 채 불쾌한 기분을 계속 안고 지내오다, '칭찬 100개 노크'를 3일 연속으로 진행했습니다. 마음이 점점 가벼워지고 3일째에는 '용서하기'라는 생명의 메시지를 느낄 수 있었습니다. 아버지와 자신을 용서하기 위해 노력한 결과, 마음이 밝아졌고 한 단계 발전한 느낌이 들었습니다."

_유키 씨, 도쿄도

"저는 분담한 일을 하지 않는 동료 때문에 항상 피해를 보았습니다. 이 일 때문에 주위 사람들에게 쉴 새 없이 푸념하는 제가 싫어서, 마음이 후련해졌으면 하는 생각에 '칭찬 100개 노크'를 며칠 실천해보았습니다. 그러자 마음속에 '살아 있다는 건 좋은 거구나.'라는 기쁜 마음이 넘치게 되었습니다. 또한 동료의 민폐에 얽매이기보다는, 내가 할 수 있는 일들을 잘 처리하는 데 집중하자는 너그러운 마음을 가지게 되었습니다."

_에리 씨, 사이타마현

쓰다 보면 후기와 같이 마음이 후련해지고, 새로운 자신의 모습도 만날 수 있습니다. 또한 직감력(느낌이나 감각으로 판단하는 힘-역주)도 생깁니다. 여러분이 느낀 직감을 소중하게 여기는 것은 살아가는 데 큰 힘이 될 겁니다.

나를 성장하게 하는
글쓰기

지금까지 칭찬 일기를 쓰며 자신을 확인했다면 이제는 자기

이미지의 '갱신 버튼'을 꾹 누르세요. 뇌가 제대로 기억하게

만들고 마음에 입력한 새로운 자신을 출발선에 서게 하세요.

그런 다음, 한층 더 갱신하는 것을 목표로 앞을 향해 나아갑

시다. 1장에서는 효과를 높이기 위해 칭찬의 말에 '자신을 향한 격려와 다정한 말', '자신이 희망하는 것' 쓰기를 추천했습니다.

이번 장에서는 한 단계 높여서 다음 네 가지 포인트에 관해서 작성해보겠습니다.

① 오늘 하루 '작은 행복, 기쁨 찾기'
② 가족, 주변 사람을 칭찬하기
③ 자신에게 감사하기 (자신의 신체, 자신의 생명)
④ 다른 존재에 감사하기

위의 포인트 중에서 그날 자신의 마음속에 떠오른 일, 적고 싶은 일이 있으면 적습니다. 기본은 '자기 칭찬'이니 이를 생략하고 다른 일에만 얽매이지 않도록 주의합니다. 자신을 칭찬해 자기 긍정감을 높이면서 희망이나 기쁨, 행복, 감사 등을 의식하게 합니다. 이렇게 글을 씀으로써 여러분의 생명 속에 잠들어 있는 훌륭한 의식과 능력에 점점 눈뜨게 될 것입니다. 희망이 빨리 실현되기에 나날이 충실감과 행복감도 더 커집니다.

오늘 하루
'작은 행복, 기쁨 찾기'

우리는 자기도 모르게 일이 순조롭게 진행되지 않는 걸 다른 사람의 탓으로 돌리기 쉽습니다. 작은 일이라도 마음을 정리하지 않은 채 쌓아두면 불만은 크게 증식합니다. 큰 행복을 얻기 위해서는 칭찬 회로와 동시에 '작은 행복, 기쁨 찾기' 회로를 만들어야 합니다. 칭찬 일기를 쓴 뒤 한두 가지라도 좋으니 그날 기뻤던 일, 행복하다고 느꼈던 일을 떠올려 씁니다.

예를 들면 '월급날 전에 가격이 저렴한 음식점을 찾아 점심을 먹었다. 참 알뜰하구나. 정말 맛있는 점심이었어, 행복해!' '감기에 걸려서 편하게 휴식을 취했다. 무리하지 않는 나, 몸을 많이 생각하는구나. 감기는 완전히 나았어. 다행이야. 내 몸아, 고마워.' '프레젠테이션에 준비를 제대로 해서

임했어. 열심히 했구나! 상사에게도 인정받아서 싱글벙글, 기분 좋아.' 등이 있습니다.

당연하게 여기던 일상 속 행복에 주목하고 소소하더라도 기쁜 일이나 즐거운 일을 감사하게 여기는 습관이 붙으면, 지금까지 불만이었던 일에는 관심이 없어지고 마음이 자연스럽게 행복을 포착할 수 있게 됩니다. 그렇게 되면 큰 행복과 기쁨이 따라오게 됩니다. 이것이 '끌어당김의 법칙'입니다. 이 작업을 할 때도 '자기 칭찬'은 기본입니다. 자신을 질책하거나 비하하는 회로가 강해진 상태에서 행복을 찾으려고 하면, 무의식중에 불만도 찾게 되어 역효과가 나니 주의하세요.

가족, 주변 사람을 칭찬하기

칭찬 일기를 계속 쓰면 자연스럽게 가족이나 친구, 주변 사람들에게도 칭찬의 말을 하게 됩니다. 그러나 칭찬에 익숙해지기 전에는 이를 깨달아도 칭찬을 못 하는 법입니다. '그 사람에게 그 점을 칭찬할걸.'이라는 생각이 든다면 '자기 칭찬'을 쓴 다음에 작성합시다.

또는 아이나 남편(아내)이 한 일을 한 가지 이상 칭찬하기로 정해놓고 쓰는 것도 좋습니다. '오늘도 난 집안일과 육아를 잘해냈어. 능력 있구나. ○○ 씨도 정리할 때 도와줬어. 친절하네.' 'Zoom을 사용해서 일했다. 이제 완벽하게 익혔다. 나는 머리가 좋구나. ○○가 알기 쉽게 가르쳐줬어. 고맙네.'

위와 같이 칭찬 일기를 쓰다 보면 주변 사람에게 직접 말로 고마움을 전할 수 있게 됩니다. 또 타인을 칭찬하는 데도 익숙해지지요. 칭찬의 말은 분위기를 밝게 하거나 대화가 원활하게 이어지도록 만들어줍니다. "자신을 살리고 다른 사람을 살린다." 인간관계를 만드는 데 꼭 필요한 말입니다. 칭찬 일기를 통해 글로 쓰는 습관이 붙으면 다른 사람을 말로 잘 칭찬하게 되고, 그것이 다시 자신에게 돌아와 칭찬받는 일이 늘어나는 선순환이 생깁니다.

자신에게
감사하기

1장에서 설명한 '칭찬 포인트 열 가지' 중 여덟 번째는 "신체의 움직임을 칭찬한다."였습니다. 여기에서는 신체의 움직임을 칭찬하는 것뿐만 아니라 감사의 마음도 전달합니다. 우리는 다치거나 병을 앓는 등 자신의 몸에 문제가 생겼을 때 신체(생명)에 신경 쓰면서 '아프다', '큰일이다', '괴롭다'와 같은 부정적인 생각만을 표현합니다. 그러다 컨디션이 좋고 몸이 생각한 대로 원활하게 움직일 때는 대부분 당연한 일로 여기고 신경을 쓰지 않습니다.

감사의 말을 자주 해온 사람들도 자신의 신체나 생명에 감사함을 표현하는 사람은 별로 없을 겁니다. 수십 조나 되는 세포의 기능, 내장 하나하나의 기능, 뇌의 기능… 우리가 해부학적으로 아무런 지식이 없어도 신체는 복잡하고, 어렵고, 신비로운 기능을 매일 아낌없이 제공하며 생명을 지탱하고 있습니다. 이를 통해 자신이 속으로 생각한 것, 꿈, 희망 등을 구현할 수 있습니다. 이렇게 훌륭하고 유일무이한 자신의 신체에 부정적인 말을 퍼붓고, 무시하거나 불평하는 건 미안한 일입니다. 자신의 생명을 소중히 여기기 위해서는 평소에 감사와 배려의 마음을 가져야 합니다.

병에 걸렸을 때나 건강할 때 모두 자신의 몸(생명)에 관심을 기울이면서 칭찬의 말과 감사하는 마음을 전하는 습관을 들이면, 자신의 생명과 존재를 존중하는 마음을, 이론을 넘어선 의식(영감 등)으로 느낄 수 있게 됩니다. 칭찬 일기는 정신력을 높일 뿐만 아니라 몸 건강에도 도움이 되고, 감사하는 마음을 전달함으로써 몸과 마음에 깊은 평온을 가져옵니다. 몸과 마음, 머리가 뒤엉킨 채 통일되지 않는 불안정한 감각을 없애고, 에너지가 가득한 생명을 자신의 것으로 실감할 수 있게 됩니다.

다른 존재에 감사하기

———
———
———

그날 감사하다고 생각한 일을 '칭찬 일기'에 추가로 써봅시다. 우리는 누구나 생활 속에서 감사의 말을 자주 전합니다. 진심으로 감사하는 경우도 분명 많을 겁니다. 하지만 마음이 담기지 않거나 단순히 예의상 말하는 경우도 있어 그때그때 속뜻은 다를 거라고 생각합니다.

칭찬 일기에는 누군가에게 감사하는 마음이 자연스럽게 생긴 경우에만 작성합니다. 무리해서 무언가를 쓰려고 부자연스러운 내용을 작성하거나 의무적으로 쓰지 않도록 주의합니다. 이성적으로 감사하는 일을 쓰는 데만 치우쳐버리면 자기 칭찬이나 자기에게 감사하는 일에 소홀해지게 됩니다.

자기 생명을 존중하는 마음이 이성이 아닌 마음 깊은 곳에서 '감동을 수반한 감각으로서' 자신의 것이 되었을 때, 자신의 생명을 살려주는 모든 사람, 모든 존재, 천지자연에 감사하는 마음이 솟아나게 됩니다. 반대로 말하면 자기 생명에 부정적이며 '살고 싶지 않아.'라고 생각하는 사람이 다른 존재에게 무조건적으로 감사하는 마음이 솟아날 리 없습니다. 일단 자기 생명에 감사한 다음 다른 사람의 생명과 존재에 감사해야 합니다. 최근 개인 수업에 오신 M 다이 씨의 칭찬 일기에 이 주제와 관련한 적당한 내용이 있어서 소개해보겠습니다.

"장에서 용종이 발견되어 입원하고 수술했다. 입원 중에 지금까지 건강했던 나의 신체에 진심으로 고맙다고 말하고 싶은 기분이 샘솟았다. 머리로 이해하는 게 아닌 마음 깊은 곳에서 감사하는 마음이 솟아나는 경험을 했다! 훌륭해. 병 덕분에 깨달았구나. 치료를 담당해주신 선생님, 간호사분들에게도 감사의 마음을 전했다. 지금까지 가족의 협력과 사랑에 진심으로 감사하는 마음을 전달하지 않았다는 것도 깨달았다. 모두 정말 고마워. 진심으로 사랑해."

_M 다이 씨

M 다이 씨는 가족에게 표면적인 감사의 말을 매일 썼다고 합니다. 하지만 마음속에서 솟아나는 감사함을 전달한 적은 없었다는 걸 깨달았다고 합니다. 이러한 감정이 M 다이 씨의 칭찬 일기에서 잘 느껴졌습니다. 여러분도 칭찬 일기를 통해 주위 사람에게 진심을 담은 감사를 전해보는 건 어떨까요?

꿈꾸는 나를 만나게 하는
말의 힘

내가 쓰는 말로

인생이 바뀐다

"사고나 생각은 현상이 된다." 또는 "이미지는 실현된다."는
말을 들어본 적이 있나요? 실제로 성공하는 이미지를 반복해
서 떠올려온 사람도 많을 겁니다. 여기서 놓치기 쉬운 게 생
각하거나, 사고하거나, 이미지를 떠올리는 '주체인 자신'에

게 긍정적인 이미지를 가지고 있느냐는 점입니다. 생각하거나, 사고하거나, 이미지를 떠올리는 주체인 '자신'의 모든 것을 긍정하고 믿는 게 성공으로 가는 지름길이니까요.

생각과 사고, 이미지는 '말'에서 시작됩니다. 그 말을 사용하는 '자신'이 스스로 부정적인 감정을 지니고 있다면, 아무리 좋은 이미지를 떠올려도 실현하기 어렵고 오히려 계속 안좋은 결과가 나올 수 있습니다. 자신에게 하는 부정적인 말을 긍정적인 말로 바꿔서 자기 이미지를 갱신해나가면, 저절로 생각은 긍정적이고 균형 잡힌 상태가 됩니다. 그때 떠오르는 이미지가 실현에 가까워지는 것입니다. 어린 시절 칭찬받은 적이 없다고 말하는 사람들 중에는 자신과 다른 사람의 일을 칭찬하는 데 거부감을 느끼는 사람이 많습니다. 하지만 칭찬 일기를 쓰며 익숙해지면 과거는 문제가 되지 않습니다.

별로 들어본 적 없거나 사용한 적 없는 말과 표현이라서 거부감을 느끼는 건 칭찬의 말뿐만이 아닙니다. 칭찬 일기를 계속 쓰는 사람은 알고 있을 것입니다. 긍정적인 말을 사용하는 데 익숙해지면 부정적인 말이나 표현을 예민하게 느끼게 됩니다. 자신이 예전처럼 부정적인 말을 사용하려고 해도 거부감이 생깁니다.

이렇게 생각하면 우리가 평소 자주 사용하는 말이 굉장히 중요하다는 사실을 알 수 있습니다. 말이 생각과 사고를 만들고 행동을 선택하며, 자신을 형성하고 인생을 구축하는 데까지 큰 영향을 미치는 겁니다. 눈에는 보이지 않지만 개인이 사용하는 말과 생각이 하나의 의식으로 자리 잡아 본연의 모습에도 큰 영향을 미친다고 볼 수 있습니다. 그만큼 말에는 힘(에너지)이 있습니다.

칭찬 일기를 쓰면 기쁜 일이 따라오는 이유

자신을 칭찬하고 주위 사람에게도 칭찬의 말을 하면서 뇌와 생명을 기쁘게 하면, 여러분의 마음과 몸에는 밝은 기쁨의 에너지가 가득 차게 됩니다. 게다가 '작은 행복, 기쁨 찾기'로 기쁜 마음으로 있을 때가 많아져 긍정적인 말을 자주 사용하게 되면 그 에너지도 더 강해집니다.

이 에너지가 좋은 일과 기쁜 일을 끌어들이는 겁니다. 이 것이 '같은 질의 에너지는 가까워진다.'는 에너지의 법칙입니다. 앞에서도 언급한 '끌어당김의 법칙'이죠. 여러분의 생명이 내뿜는 에너지가 유사한 성질의 에너지를 지닌 사람과 현상을 불러들이는 것입니다. 생각도 하지 못한 행복한 일이 생기거나 원하던 일이 빨리 실현되곤 합니다. 그리고 매우 부정적인 에너지를 지닌 짓궂은 사람이 자신에게서 멀어지는 것을 뜻하는 '떼어내는' 현상도 일어납니다. 또한 여러분의 생명이 지닌 에너지는 자신만 좋게 하는 게 아니라 가족이나 주변 사람의 마음까지 안정적으로 만들어주기에, 주변 사람에게도 긍정적인 영향을 미칩니다. 그야말로 사랑의 에너지인 것입니다.

여기서 주의할 것은 비틀린 감정과 생각을 강하게 품은 부정적인 에너지를 마음에서 내뿜으면 같은 성질의 에너지를 지닌 사람과 현상을 끌어당긴다는 점입니다. 그렇기에 표면적으로 실현하고 싶은 이미지를 계속 품고 있어도 자기 긍정감이 낮고 침울해하고만 있으면 실현은 멀어지고 부정적인 에너지에 걸맞은 일들만 펼쳐집니다.

즉 좋은 일, 행복한 일을 끌어당기는 건 '여러분의 마음이 어떤가?'에 달려 있습니다. 어려운 수련은 필요 없습니다. 자신의 장점에 주목하면서 자기 생명이 지닌 미지의 무한한 힘을 믿고 신념을 지니면 됩니다. 이것이 소중한 인생의 토대가 될 겁니다. '기뻐', '운이 좋아', '행복해', '고마워', '즐거워', '괜찮아'와 같은 칭찬의 말, 기쁨의 말, 격려의 말, 사랑의 말, 감사의 말을 많이 사용해서 행복을 끌어당기시기 바랍니다.

칭찬 일기, 집중력을 올려주는 복식 호흡 활용하기

의식 수준을 예전보다 더 올려서 자기 변혁을 이루고 싶다, 직업적인 면에서 크게 발전하고 싶다고 생각하는 분은 일기를 쓰는 시간의 길이와 집중도에 주목해봅시다. 칭찬 일기를 쓰면 뇌 내 행복 호르몬의 분비가 활성화됩니다. 전두전야의 혈류가 좋아지고 집중력이 높아지면 자기 조절 능력도 자연스럽게 생깁니다. 이에 관해서는 1장에서도 말씀드렸습니다만, 집중력을 올리는 방법은 또 있습니다. 바로 복식 호흡입니다.

복식 호흡은 횡격막을 사용해 깊게 호흡하는 방법입니다. 복근을 사용해 배에 힘을 주면서 천천히 코로 숨을 내쉬고, 다 내쉬면 복근에 힘을 뺍니다. 들이쉴 때는 자연스럽게 코가 공기를 많이 빨아들여서 배가 부풀어 오릅니다. 어떻게 하는지 감을 잡으면 요령을 알게 되니, 처음에는 잘 안 되더라도 신경 쓰지 말고 계속 진행하세요.

일기를 쓰기 전에 오른손을 아랫배에 얹고 '오늘 나의 장점을 찾자.'라고 자신을 타이르며 크게 복식 호흡을 4~5회 반복하면 칭찬 일기의 효과는 쭉쭉 오릅니다. '복식 호흡 4~5회 + 칭찬 일기'로 자율 신경의 부교감 신경이 우위를 점하게 됩니다. 따라서 스트레스가 완화되고 마음속에 안도감이 퍼집니다. 매일 계속하면 자연 치유력과 면역력이 올라가서 스트레스가 일으키는 다양한 질병으로부터 자신을 지킬 수 있습니다.

실제로 칭찬 일기를 쓴 뒤부터 감기에 잘 안 걸린다, 어깨 결림이 개선되었다, 쉽게 지치지 않는다, 숙면을 취하게 되어 아침이 상쾌하다 등 몸이 건강해졌다는 이야기를 많이 듣습니다.

마음의 측면에서는 감정 기복이 적어지고 땅에 발을 붙이고 안정적으로 서 있는 자신을 느낄 수 있습니다. 부정적인 일에 침착하게 대처하는 능력과 자기 관리 능력도 올라가므로, 스트레스는 피하고 본인의 능력은 잘 발휘할 수 있게 될 것입니다.

긍정의 말이 뇌에 주는 영향

복식 호흡을 4~5회 한 후 칭찬 일기를 30분 정도 집중해서 적으면 뇌파는 α파 상태가 됩니다. α파는 잠잘 때와 깨어 있을 때의 중간쯤에 해당하는 멍한 상태일 때, 명상할 때, 편안하고 기분 좋은 상태일 때 나오는 뇌파입니다. 칭찬 일기를 쓰는 데 시간을 들이고 집중한다는 건 생명이 기쁨의 말에 집중하고 그 외에는 '무'에 가까운 명상 상태가 만들어지는 것을 뜻합니다. 이것은 잠재의식을 밖으로 드러내는 데 가장 좋은 상태라고 할 수 있습니다. 평화롭고 편안한 마음 상태가 만들어져 직감과 영감이 또렷해집니다.

심리학적으로는 오래전부터 우리에게 잠재된 의식과 능력이 약 90%가량 있다고 알려졌고, 최근 밝혀진 유전자 공학 연구를 통해서도 유전자의 90%가 사용되고 있지 않다는 사실이 알려졌습니다. 두 사실을 통해 우리가 무한에 가까운 미지의 힘을 가진 존재라는 것을 알 수 있습니다. 따라서 모든 사람에게 칭찬 일기는 자신의 가능성을 무한대로 여는 '간단하고 효과가 큰' 도구라고 할 수 있습니다.

감사하고 칭찬할수록 ─────────
젊어지는 이유 ─────────

즐겁고 좋아하는 일을 떠올리거나 상냥하고 온화한 기분이 되면 β-엔도르핀이라는 뇌 내 호르몬이 증가한다는 사실은 잘 알려져 있습니다. '칭찬 일기를 소리 내서 읽기'나 '복식 호흡 + 칭찬 일기', '행복 찾기, 기쁨 찾기' 등이 이에 해당합니다.

이 β-엔도르핀도 명상할 때 분비된다고 알려져 있으므로 a파와 같은 명상 효과를 기대할 수 있습니다. β-엔도르핀이 분비되면 굉장히 기분이 좋고 '쾌'의 감각으로 가득 찬 평화로운 정신 상태가 됩니다. 사람에 따라서는 생명의 메시지를 받는 사람도 있습니다. 행복감, 희망, 두근거림, 자존감, 새로 생겨난 기쁨 등이 쾌의 감각과 동시에 가슴에 퍼지기에, 싸우려는 감정은 사라집니다.

더 좋은 것은, 젊어지는 호르몬이라고 불리는 이 뇌 내 호르몬이 항상 잘 분비되게 만들면 젊은 몸과 마음을 얻을 수 있다는 점입니다. 실제로 칭찬 일기를 계속 쓰는 사람에게서 '피부가 깨끗해졌다.' '윤기가 흐른다.' '몸이 가벼워서 잘 움직일 수 있게 되었다.'와 같은 후기나 '다른 사람에게 눈이 예뻐졌다는 말을 듣는다.' '젊어졌다는 말을 듣는다.'와 같은 이야기를 자주 듣습니다.

β-엔도르핀의 쾌의 감각은 '복식 호흡 + 칭찬 일기'를 하거나 '칭찬 일기를 소리 내서 읽'으면 누구나 뇌 내 감각으로

서 느낄 수 있습니다. 이 쾌의 감각을 느낄 수 있게 되면, 거기에 몰두하는 게 중요합니다.

구체적으로 설명하자면 '기분이 좋다.'고 의식적으로 계속 느껴야 합니다. 3~5분이면 충분합니다. 그동안 잡념이 들어도 신경 쓰지 않고 아무것도 생각하지 않는 상태에서 '쾌'를 계속 느껴봅시다. 누구나 쾌의 감각은 느낄 수 있지만, 정신적으로 계속 스트레스를 받거나 몸에 피로 물질이 쌓여 있으면 인식하지 못할 때도 있습니다. '쾌의 감각을 느끼지 못하다니 내가 이상한 건 아닐까?'라고 부정적으로 생각하지 말고 여러 번 반복해서 시도해보세요. 스트레스를 해소하는 데 도움이 되고 머릿속을 정리할 수 있어 기분이 상쾌해질 것입니다.

지금의 나를 알아야
미래의 내가 빛난다

미래에 원하는 모습이 되기 위해서라도 지금의 자신을 아는 건 필수입니다. 모든 일에는 단계가 있습니다. 지금의 자신이 꿈꾸는 모습이 아니어도 괜찮습니다. 지금까지의 성과를 긍정하면서 자신을 돌아보면 다음 목표가 명확해집니다. 우리가 추구해야 할 목표는 '지금은 아직 안 되니까 더 열심히 해서 앞으로 나아가자!'가 아니라 '성과를 올리다니 훌륭해. 더 앞으로 나아가자!'입니다.

이렇게 하기 위해서는 자기 이미지를 갱신하는 작업을 해야 합니다. 구체적으로는 1장에 소개한 '칭찬 포인트 열 가지' 중 열 번째 '긍정적인 변화, 내적 깨달음, 자기 발견을 칭찬한다.'(48쪽)가 자기 이미지를 갱신할 때 중요한 포인트입니다.

아무리 작은 일이라도, 비록 100 중에 10밖에 못 나아갔다고 해도, 매일 그 변화를 놓치지 않고 칭찬 일기에 기록하는 게 큰 힘이 됩니다. 칭찬 일기는 그때그때 집중도와 스트레스의 정도에 따라 내면에서 느끼는 것도 복받치는 감정도 달라집니다. 신중하게 관찰해보면 자신을 발견하는 재미도 느낄 수 있을 겁니다. 긍정적인 변화에 관해서도, 표면적인 변화부터 마음속 깊은 부분의 변화를 발견하는 것까지 다양합니다.

내적 깨달음을 얻은 나, 긍정적인 변화를 체감한 나를 예전의 나에 '덮어씌우기로 저장'하는 작업이 칭찬 일기라고 생각합시다. 이 작업을 반복함으로써 새로운 자기 이미지가 뇌에 확실하게 각인되고 무의식의 영역에 점점 새겨집니다.

'자기 이미지 갱신표'를 써보자

매일 쓰는 칭찬 일기에 추가로 추천하고 싶은 게 지금부터 소개할 '자기 이미지 갱신표'입니다. 6개월에 한 번 정도 과거에 쓴 칭찬 일기를 다시 읽으면서 현재와 비교해보고 새롭게 표에 작성하면, 자신의 변화가 한눈에 보일 것입니다.

　내면의 변화는 눈에 보이지 않는다고 생각하기 쉽지만 그렇지 않습니다. 지금까지 소개해온 사람들의 후기에 나와 있듯이, 내면의 변화는 바깥으로 보이는 형태로 확실하게 드러납니다. 이러한 변화를 알면 자신에게 자극이 되고 계속 진보할 가능성이 있는 나를 믿는 힘이 점점 확고하게 자리 잡습니다. 자기 이미지 갱신을 의식하고 글을 쓰면 우리는 항상 '새로운 자신'과 만나고 그 감동을 계속 맛볼 수 있습니다.

구체적인 사례로 사쿠라 사요코 씨의 '자기 이미지 갱신표'를 소개하겠습니다. 사쿠라 씨는 칭찬 일기를 쓸 때 다음과 같은 부분을 유의한다고 합니다.

사쿠라 씨가 칭찬 일기를 쓸 때 유의하는 부분

- 하루를 기분 좋게 끝내기 위해 매일 자기 전에 쓴다.
- 매일 칭찬 일기를 쓰기 전에 꿈꾸는 나의 모습을 쓴다.
- 가능한 한 '칭찬 포인트 열 가지'에 따라 칭찬한다.
- 일상생활 속에서 '이건 칭찬하고 싶어!'라고 생각한 게 있으면 스마트폰의 메모 기능이나 포스트잇, 수첩 등에 잠깐 써놓고 밤에 칭찬 일기에 베껴 쓴다.

사쿠라 씨가 칭찬 일기를 쓰는 방법이나 자기 이미지 갱신표를 참고하여 각자의 '자기 이미지 갱신표'를 작성해봅시다.

사쿠라 사요코 씨의
자기 이미지 갱신표

내면 예전의 나 2016년 12월 6일	• 불안, 초조, 망설이는 마음에 지배당하기 일쑤여서 자신의 감정을 잘 모르고 제대로 표현할 수 없었다. • 무엇을 하고 싶은지 몰라서 우물쭈물하는 내가 싫었다.
현재의 나 2020년 4월 26일	• 부정적인 감정이 생겨도 스스로 괜찮다고 위로하면서 바로 기분을 전환할 수 있다. • 자신이 생각한 걸 솔직하게 상대방에게 전할 수 있게 되었다. • 항상 나에게 사랑한다고 말하게 되었다. '난 귀여워, 사랑스러워.'라고 생각하는 순간이 늘었다.
행동 예전의 나 2016년 12월 6일	• 참는 게 최고라고 생각했고, 하고 싶은 것보다 해선 안 되는 일만 우선시했다. • 자신보다 다른 사람을 우선시했다.
현재의 나 2020년 4월 26일	• 자신에게 도움이 되는 것을 생각한 후 결단, 행동할 수 있게 되었다. • 마음의 소리에 귀를 기울이게 되어 무엇을 하고 싶은지 서서히 알게 되었다. • 머리로 생각하는 시간이 줄었고 바로 행동할 수 있게 되었다.
감각, 감성 예전의 나 2016년 12월 6일	• 즐기면 안 되고 무조건 열심히 해야 한다고 생각했다. • 항상 누군가가 나를 비난하는 것 같았다.

현재의 나 2020년 4월 26일	• 아무 일이 없을 때도 즐겁고 두근거리는 감각이 샘솟는다. • 사람이나 사물, 자연 등 모든 것에 감사하는 마음이 샘솟는다. • 무리해서 열심히 하지 않고 적당히 힘을 빼는 법도 알게 되어 마음에 여유를 가질 수 있다. • 그림을 의무적으로 그리는 게 아니라 즐기면서 그리고 있다. • 자신의 세계를 표현해도 된다고 생각하게 되었다.
발상, 사고방식 예전의 나 2016년 12월 6일	• 다른 사람의 생각이나 감정에 영향을 받을 때가 많았다. • 실패를 두려워하고 정답을 찾는 것에 중점을 두었다. • 좌우간 다른 사람의 눈이 신경 쓰였다.
현재의 나 2020년 4월 26일	• 무슨 일이 일어나도 '나에게 피가 되고 살이 된다!'라고 생각하기에 어떤 일이 벌어져도 괜찮다. • '나는 나, 다른 사람은 다른 사람'이라고 상대방과 나를 분리할 수 있게 되었다. • 남자, 연애 등을 긍정적으로 생각하게 되었다. • 머리 회전이 빨라진 게 느껴진다. 일의 효율도 올랐다.
노력에 관해 예전의 나 2016년 12월 6일	• 사는 게 괴로워서 자기 계발 세미나 등을 수강했지만, 몇 년이 지나도 개선할 수 없었다.
현재의 나 2020년 4월 26일	• 칭찬 일기를 계속 쓰니 자신감이 생겨서 자기 계발이나 영적인 것 등에 관한 정보를 보지 않는다. • 자기표현을 하는 것에 시간과 노력을 들일 수 있게 되었다.

과거 자신에 관한 생각 **예전의 나** 2016년 12월 6일	• 과거에 겪은 일을 떠올리면 '그때 더 잘할 수 있지 않았을까?'라고 후회하기 바빴다.
현재의 나 2020년 4월 26일	• 과거를 떠올려도 후회하지 않고 잘했다고 칭찬한다. • 지금 있는 건 과거에 노력한 덕분이라고 생각한다.
그만하자고 결심한 일은 **예전의 나** 2016년 12월 6일	• 부정적인 생각이나 자신을 비난하는 걸 안 하려고 몇 번이나 도전했지만 그만두기 어려웠다. • '쓸데없는 데 돈을 안 써야지!'라면서 항상 돈을 안 쓰기 위해 신경 썼고, 돈이 없어지지 않는 방법만 생각했다.
현재의 나 2020년 4월 26일	• 자신을 비난하지 않고 상냥하게 대한다. • 부정적인 말을 말할 일도 들을 일도 없도록 신경 쓰고 있다. • 자신이 하고 싶은 일이나 원하는 것에 돈을 쓰는 걸 허락하게 되었다.
신체에 관해 **예전의 나** 2016년 12월 6일	• 금방 지쳐서 종종 두통을 느꼈고 두통약을 달고 살았다. • 무리하게 일을 해서 몸이 많이 망가졌다. • 몸을 강하게 만들기 위해 영적인 힘이 있는 사람의 조언을 듣고 해외에서 건강식품을 주문했다. • 그 외에도 다양한 건강식품을 먹었지만 효과를 볼 수 없었다. • 녹초가 되어 움직일 수 없는 몸을 항상 질책했고 자신의 몸을 안 좋게 말했다. • 어려서부터 몸이 약했기에 나는 체력이 약하다고 믿었다. • 항상 병이 날까 봐 불안했다. • 산부인과 계통의 병에 걸릴지도 모른다고 멋대로 믿었기에 건강 관련 블로그나 칼럼 등을 수시로 확인했다. • 뭘 해도 좀처럼 살이 빠지지 않았다.

현재의 나 2020년 4월 26일	• 무리하지 않되 몸 관리는 부지런하게 하고 있다. • 종일 돌아다녀도 지치지 않을 정도로 몸이 강해졌다. • 항상 몸에 감사하는 마음을 잊지 않고, 몸에 감사하는 마음을 전하게 되었다. • 몸에 좋은 음식을 의식해서 챙겨 먹는다. • 두통약을 먹는 경우가 크게 줄었고 두통이 생겨도 '칭찬 주문'을 외거나 빨리 휴식을 취하면 낫게 되었다. • 내 몸이 굉장한 힘을 지니고 있다는 믿음이 생긴 뒤에는 블로그나 칼럼 등을 안 보게 되었고 내가 하고 싶은 일에 시간을 쓰고 있다. • 몸이 약하다는 생각이 없어졌다. • 내가 의식하면 체형도 바뀐다는 사실을 알게 되어서 운동을 즐기면서 하고 있다.
겉모습에 관해 **예전의 나** 2016년 12월 6일	• 항상 피곤해서 패기가 없었다.
현재의 나 2020년 4월 26일	• 밝게 웃는 얼굴로 있을 때가 많다. • 밝은 색상의 옷을 자주 입는다.

종합적으로 보고 현재 자신을 긍정적으로 평가하기	• 칭찬 일기를 통해 자신을 긍정하면 인생은 계속 좋아진다고 생각하게 되었다.
	• 예전에는 불안과 고독을 많이 느꼈지만, 지금은 다른 사람에게 받아들여졌다고 생각하게 되어 누군가와 이야기하는 게 즐겁다.
	• 어디에 있든지, 무엇을 하든지 분명 극복할 수 있다는 생각이 들 정도로 강해졌다.
	• 부정적인 상황도 긍정적으로 받아들인다.
	• 일에 적극적으로 임하고 있다.
	• 매일 '새로운 자신'이 태어난다고 생각할 뿐 아니라 내가 지닌 '무한한 가능성'을 믿는다.
	• '사는 게 괴로워 10년 가까이 발버둥 쳐왔는데 불과 3년 만에 이렇게 바뀔 줄은 꿈에도 몰랐어!'라며 스스로도 놀란다.

예로 든 자기 이미지 갱신표에서 '예전의 나'와 '현재의 나'의 차이를 보고 어떤 생각이 드셨나요? 어디까지나 참고로만 보시고 다른 사람과 비교하지 말고 과거의 자신과 비교하시기 바랍니다. 그러면 구체적으로 자기 이미지 갱신표의 작성 방법을 설명하겠습니다.(164~167쪽의 '자기 이미지 갱신표'를 복사해서 사용합시다.)

① 처음 쓸 때 '예전의 나' 칸에는 칭찬 일기를 시작한 날짜

를 적고 당시 자신에 관해 씁니다.

② '예전의 나' 칸에는 바꾸고 싶었지만 개선되지 않은 점을 작성해도 됩니다. 그리고 '현재의 나' 칸에 어떻게 변화했는지 기록해봅니다.

③ 기재하는 항목에 관해서는 1장에서 다룬 '칭찬 포인트 열 가지'(45쪽)를 참고하시기 바랍니다.

④ 각 항목에 예전과 현재의 모습을 작성하고, 여러분이 걸어온 인생의 궤적을 느껴보기 바랍니다.

자기 이미지 갱신표는 새로운 자기 이미지를 머리와 마음에 주입해서 정착시키고 다음 단계로 올라가기 위한 작업이니, 긍정적인 마음으로 작성하는 걸 추천합니다. 새로운 자신과의 만남을 크게 칭찬하고 기뻐함으로써 생명에 잠재되어 있는 미지의 의식에 더욱 눈을 뜨게 될 것입니다.

그 밖에 '칭찬 일기' 효과가
올라가는 활동

앞에서 서술한 바와 같이 칭찬 일기는 면역력을 높이고 자율 신경의 균형을 좋게 만들어줍니다. 따라서 마음이 긍정적으로 변할 뿐만 아니라 몸도 건강해집니다. '감기에 잘 안 걸리게 되었다.' '어깨 결림과 요통이 없어졌다.' '머리가 가벼워졌다.' '푹 잘 수 있게 되어 피로를 덜 느낀다.'와 같은 많은 후기와 함께 '식습관을 바꾸었습니다.' '조깅을 시작했습니다.' '담배를 끊었습니다.'와 같은 이야기도 자주 듣습니다.

이는 칭찬 일기의 효과로 자신을 소중히 다루는 관점에서 스스로를 보게 된 겁니다.

저는 제 세미나에서 생명을 존중하는 마음과 자기 긍정감을 높이기 위해 생명의 느낌, 생명의 소리에 귀를 기울이는 '생명의 체험 활동'이라는 보디워크를 하고 있습니다. 신체 부위와 세포에 감사하는 마음을 전하고 몸과 마음(생명)의 반응(응답)을 깨닫는 활동입니다.

집에서 실천하는 건 어려우니, 가볍게 몸을 푼 다음 몸에 감사, 위로, 칭찬의 말을 전달하는 '생명의 체험 활동' 집 버전을 추천합니다. 칭찬 일기와 함께 진행함으로써 아래와 같은 효과도 기대할 수 있습니다.

- 자신을 사랑하는 마음을 깊게 느낄 수 있다.
- 신경이 편안해지고 심신이 안정되는 효과를 얻을 수 있다.
- 숙면을 취할 수 있어서 상쾌한 기분으로 일어날 수 있다.
- 몸이 원하는 것, 몸이 거부하는 것을 알게 되어 식사와 운동, 휴식 등 자연스럽게 몸이 기뻐하는 걸 선택하게 된다.
- 자기 생명의 가치를 마음 깊은 곳에서 느낄 수 있게 되고 동시에 아이, 가족, 동료 등 모든 사람의 생명을 존중하는 마음이 커진다.

요령은 정신을 집중하고 코로 천천히 숨을 내쉬면서 몸의 중심 부분을 향해 고맙다는 말을 전달하는 것입니다. 감사와 칭찬, 위로 외의 것을 머릿속에서 복잡하게 생각하면 반응을 느낄 수 없습니다. 두둥실~ 몸이 가벼워지거나, 따뜻해지거나 또는 가슴 가득 '기뻐, 고마워.'라는 마음이 퍼지거나, 상냥한 마음, 행복한 마음이 샘솟으면 잠시 조용히 그 마음을 느껴봅시다.

생명의 체험 활동 따라 하기

①　의자에 앉아 척추와 목을 곧게 폅니다. 깊게 복식 호흡을 하며 몸 전체를 느낍니다.

②　아픈 부분, 불편한 부분이 있으면 '항상 고마워, 열심히 해주고 있구나.'라고 다정하게 말을 건넵니다.

③　허리와 목을 좌우로 부드럽게 움직이면서 근육이 뻐근한 상태를 느낍니다. 뻐근함이 풀릴 때까지 반복합니다.

④　목을 천천히 돌리면서 항상 잘 움직이는 목에 감사하는 마음을 전합니다.

⑤　어깨를 돌리면서 어깨가 어느 정도 뭉쳤는지 관찰하고, 몸에 감사하는 마음을 전합니다.

⑥　상체의 감각이 변하는 걸 느끼면서 깊게 호흡하고, 머리 감각의 변화를 느끼면서 머리(뇌)의 움직임에 감사하는

마음을 전합니다.

⑦　편안한 감각을 느끼면서 깊은 호흡을 반복합니다.

⑧　오른손을 왼쪽 가슴, 왼손은 오른쪽 가슴에 대고(손목이
교차하는 형태) 자신의 몸을 부드럽게 끌어안은 다음 몸
전체에 '매일 고마워, 잘 움직여줘서 고마워.'라고 감사
하는 마음을 전합니다.

칭찬 일기와 마찬가지로 이 생명의 체험 활동도 자신의 마
음과 몸(생명)을 소중히 다루는 의식을 키우면서 생명이 지닌
힘을 밖으로 드러내는 방법입니다.

더욱 행복한 인생을 만들기 위해 건강을 유지하고 체력
을 지키며, 식사와 수면에 신경 쓰는 건 기본 중의 기본입니
다. 자신을 소중히 여기는 시간을 만들면 건강한 몸과 생명
을 느끼게 되므로 건강을 위해 해야 할 일을 스스로 알게 되
고 행동할 힘도 생깁니다. 생명에 내재된 미지의 힘과 만날
가능성은 나이와 상관없이 모든 사람이 지니고 있습니다. 이
활동을 반복함으로써 '행복한 인생으로 이끌어주는 힘'과도
분명 만날 수 있을 겁니다.

Chapter
03.

나와의 대화,
어떻게
시작해야 할지
모르겠다는
당신에게

Q & A

자신에게 너무 관대해지지 않을까요?

자신을 칭찬하면 자신에게 관대한 형편없는 인간이 되거나 약한 인간이 될까 봐 걱정입니다. 칭찬 일기를 쓰면 확실히 의욕이 생겨서 '좋아하는 자신'이 되기는 하는데 마음껏 칭찬해도 괜찮을까요?

A

약해지기는커녕 자신을 믿고 강하게 살아갈 수 있는 사람이 됩니다. 자기 긍정감이 자라면 자신을 향한 자신감과 자립심이 생깁니다. 저는 이런 걱정을 하시는 분께 반대로 질문합니다. "자신을 비난하고 단점만 보니 강해지던가요?"라고 말이죠. 그러면 고개를 저으며 "아니요, 괴로웠습니다. 나는 아무 가치도 없는 인간이라는 생각에 빠져들었습니다." 라고 말합니다.

자신을 칭찬하는 건 관대해지는 게 아닌, 자신의 가치를 알고 소중히 여기는 것입니다. 많은 사람들이 자신을 칭찬하는 것도, 칭찬받는 것도 서투릅니다. 모처럼 칭찬받아도 별거 아니라며 부정하거나 자신을 낮추는 말을 하곤 합니다. '실패했다.' '할 수 없다.'라면서 부정적인 면에만 주목하고 지적하며, 이를 좋은 행동이라고 생각하는 사람이 많은 것도 안타까운 일입니다. 자기 비난이나 부정적인 말은 뇌에 스트레스를 주고 마음을 불안정하게 만듭니다. 칭찬 일기는 이러한 부정적인 사고 회로는 가늘게 만들고 칭찬 회로는 굵고 튼튼하게 만들어줍니다. 그러면 자신의 긍정적인 면에 자연스럽게 집중하게 되고 자신감을 가지게 됩니다.

Q2

긍정적인 말만 하다 거만해질까 봐 걱정입니다

자신을 칭찬하면 이기적인 인간이 되지 않나요? 거만해지는 건 싫어서 칭찬 일기를 쓸지 말지 주저하고 있습니다.

A

이기적이고 거만한 것은 자기중심적인 것에 해당하며 자기 긍정과는 다릅니다. 자기중심적인 것은 자신을 존중하지 않는 사람의 태도이며, 오히려 자신감이 없는 사람이 약한 사람에게 거만하게 굴거나 제멋대로 행동하는 경우가 많다고 생각합니다.

칭찬 일기를 쓰면 뇌의 회로가 바뀌므로 자신뿐만 아니라 다른 사람의 장점도 자연스럽게 보이게 됩니다. 무의식중에 상대방의 장점에 눈이 가서 칭찬할 수 있게 되기에 인간관계가 예전보다 더 좋아집니다. '남편이 상냥해졌다.' '아들이 쓰레기를 버리거나 빨래를 도와주는 등 집안일에 적극 협조한다.' '싫어하던 상사에게 칭찬받았다.' 등 부부, 부모 자식 관계나 직장에서의 인간관계가 좋아진 실제 사례도 많습니다. 자신에게서 출발한 칭찬 사이클이 긍정적으로 변화해 자신에게 돌아오는 것입니다. 자기중심적이라면 이렇게 되지 않죠. 자신을 소중히 여기며 다른 사람도 신뢰하고 존중하는 의식을 기르는 게 칭찬 일기입니다.

반성해도 변하지 않는 저에게도 효과가 있을까요?

저는 사회와 다른 사람을 위해 공헌할 수 있는 사람이 되고 싶어서 부족한 점은 반성하고 안 좋은 부분은 고쳐왔습니다. 하지만 아무리 반성해도 단점이 고쳐지지 않습니다. 이런 제가 자신을 칭찬해도 될까요?

A

계속 칭찬하세요. 사회에 공헌할 수 있는 사람이 되고 싶다는 숭고한 뜻을 지니고 살아온 건 훌륭한 일입니다. 자기 뜻이 아직 실현되지 않았어도 뜻을 지니고 살아왔다는 점을 칭찬합시다. 그리고 노력해온 점도 칭찬합시다. 다른 장점과 당연한 일로 여겨온 것들도 찾아서 매일 진심으로 칭찬합시다.

질문자님은 노력했지만, 노력하는 방법이 조금 잘못됐을 뿐입니다. 반성을 너무 많이 하면 그 사람의 힘을 높이기는커녕 몰아붙이기에, 못난 자신의 이미지가 점점 커집니다. 못난 자신이 힘을 발휘하는 데에는 어려움이 따르겠죠.

어린이는 물론 어른에게도 '칭찬하며 교육하는' 편이 효과가 있다는 사실은 뇌과학적으로도 밝혀졌습니다. 또한 뇌는 주어를 판단하지 않으므로 자신이 칭찬해도 다른 사람에게 칭찬받았을 때와 효과가 같습니다. 이미 몇 번 말씀드렸습니다만 칭찬 일기는 자기 긍정감을 높이는 동시에 생명에 내재된 사랑과 감사, 관용, 조화의 의식 등을 밖으로 드러냅니다. 주위 사람도 행복해졌으면 좋겠다, 사람에게 도움이 되는 일을 하고 싶다 등 모든 사람의 마음속에 있는 이타심도 커집니다.

부디 단점은 내버려 두고 '꿈꾸는 자신의 모습'을 칭찬 일기 첫 페이지에 적은 후 항상 그것을 의식하면서 칭찬합시다. 그러면 어느샌가 단점은 고쳐지거나 나오지 않게 됩니다. 긍정적인 면이 밖으로 드러나면 여러분의 양심이 작용해 자연스럽게 부정적인 면이 고쳐집니다. 생명이 지닌 힘을 마음껏 발휘하여 세상을 위해, 사람을 위해 일하시기 바랍니다.

자신에게 칭찬할 점이 없으면 어떻게 하죠?

저는 제가 아무 쓸모도 없고 무엇을 위해 살고 있는지 모르겠다는 생각을 자주 합니다. 칭찬 일기를 써보려고 합니다만, 단점투성이라서 쓸 게 없습니다.

A

단점만 있고 긍정적인 면이 전혀 없다는 건 틀린 말입니다. 단점이 하나도 없는 사람은 없고 장점이 하나도 없는 사람도 없습니다. 스스로 아무 쓸모도 없다고 믿는 건 성장 과정에서 누군가에게 계속 그런 말을 들어왔기 때문일지도 모릅니다. 그런 믿음에서 벗어나고 장점을 찾아 새로운 자신과 만나는 기쁨을 맛보기 위해, 먼저 당연한 일부터 칭찬합시다. 단점이라고 생각한 것도 관점을 바꾸면 칭찬 포인트가 됩니다. '일 처리가 느리다.'는 '천천히 꼼꼼하게 일하는구나.', '늦잠을 자버렸다.'는 '잠을 잘 수 있는 건 건강하다는 증거야.'라고 칭찬할 수 있습니다. 단점에만 주목해서 주눅 들지 말고, 긍정적인 면에 주목해서 자신을 칭찬하고 키워나갑시다.

　칭찬하면 '바보냐? 그런 건 누구나 할 수 있어!'라는 목소리가 어딘가에서 들려오는 듯하다며 좌절하는 사람도 있습니다만, 무슨 소리가 들려와도 지지 말고 계속 칭찬합시다. 반드시 '지금까지 살아와서 다행이야.'라고 생각할 때가 옵니다!

억누르고 있던 화가 폭발할 것 같습니다

종종 화가 납니다. 예전에는 당연히 화를 내야 할 상황에 놓여도 화가 나지 않는 게 고민이었습니다. 칭찬 일기를 계속 쓰면서 예전과 다르게 화를 내야 할 부분에서 몹시 분노를 느끼게 되었습니다. 저로서는 기쁜 변화입니다만, 자신을 칭찬해야 하는 칭찬 일기를 쓰면서 분노하는 게 맞나 싶은 생각이 들어 당황스럽습니다.

A

이것은 긍정적인 변화입니다. 싸움을 할 수 있게 되었다고 기뻐하는 사람도 있습니다. 부정적인 감정을 어릴 적부터 억눌러온 사람은 자신의 감정을 모르거나, 상대방에게 느껴야 할 분노와 증오의 감정을 무의식중에 자신에게 돌려버리는 경우가 있습니다. 또한 부정적인 감정을 무의식적으로 마음속에 묻어버리기도 합니다.

질문자님은 자신을 칭찬하는 활동을 통해 자기 긍정감이 올라가고 마음이 자유로워진 결과, 자신의 감정을 제대로 느낄 수 있게 된 겁니다. 진짜 나를 만나기 위해서는 감정을 묻어두지 않고 자유롭게 표현하는 게 중요하므로 아주 좋은 현상이 일어나고 있는 것입니다. 또한 자기 긍정감이 높아지면 자신의 부정적인 감정은 감정으로 정확히 인지하고, 감정을 묻어두지는 않되 능숙하게 전환하는 힘이 생깁니다.

누구나 마음속에 예전의 자신에게 없던 일이 일어나면 '왠지 내가 아닌 것 같아.'라며 묘한 기분을 느끼게 됩니다. 그럴 때는 재미있어하거나, '굉장해~'라며 기뻐하거나, 칭찬하거나, 새롭게 만난 자신과 사이좋게 지내며 즐기시기 바랍니다. 그러다 보면 익숙해져서 옛날의 나로는 돌아가지 않게 됩니다.

부록.

나에게
하는 말을 바꾸니,
인생이
바뀌었다!

체험담

저는 거의 매일 칭찬 일기를 쓰는 분들의 기쁜 마음이 담긴 메일과 댓글, 보고를 받습니다. 그중에서 특히 여러분이 참고하시면 좋을 듯한 경험을 지닌 여섯 분을 소개하고자 합니다. 내면의 변화는 물론 처한 환경이나 칭찬 일기를 대하는 자세 등에 주목하고 참고해주시기 바랍니다. 같은 시간, 같은 내용을 썼다고 해도 효과에는 개인차가 있습니다. 비교가 아닌 더 좋은 효과를 얻기 위한 팁을 얻거나, 격려나 용기를 북돋아주는 이야기 정도로 받아들이기를 바랍니다.

미래에 크게 성공하리라
200% 확신합니다

인생에서 가장 힘들 때 칭찬 일기를 알게 되었고 칭찬 일기는 저를 구원했습니다. 만약 칭찬 일기를 알지 못했다면, 이 세상에 저는 이미 없을지도 몰라요. 당시 저는 일본의 대학교에 입학한 뒤 꿈을 이루기 위해 캐나다로 유학을 갔고, 그 후에는 미국의 대학원에서 공부했습니다. 일본으로 귀국 후 한 회사에 취직했지만 그곳에서 심한 갑질을 겪었고 완전히 위축되어 자신감을 잃었습니다. '너처럼 능력 없는 놈은 처음이다.' '이것도 못 하면 죽는 게 낫지.'라는 말을 계속 들으면서 '난 정말 할 줄 아는 게 아무것도 없는 인간이다. 저런 말을 들을 수밖에 없다. 내가 잘못한 거다.'라고 믿어버렸습니다.

저는 사회생활 경험이 없었고, 공부한 건 할 수 있지만 필요한 서류를 작성하는 법 등 사무 작업에 기본적으로 필요한 지식은 사실 잘 몰랐습니다. 결국 심료 내과(신경증 등을 치료하는 진료 과목-역주)에 다니며 약을 먹게 되었고 회사는 그만두었습니다. 그 후 2~3곳에서 파견 사원으로 일했지만 가는 곳마다 폭언을 들었습니다. 한 회사의 상사는 저한테 '너 비정상 아냐? 이상한 면이 있네. 퇴사해.'라는 말을 자주 했습니다. 들으면 들을수록 긴장하고 동요한 탓에 머리가 자주 멍해졌고, 다른 사람은 할 수 있는 일을 못 하는 자신을 비난했습니다. 하루하루 살아가는 것만으로도 벅찬 상태였습니다.

칭찬 일기를 쓰고 데즈카 선생님의 수업을 들으며 서서히 자신을 되찾고 약도 먹지 않게 되었고, 희망이 보이자 이 방법을 믿고 계속해보자고 다짐하게 되었습니다. 세미나에도 참가하고 칭찬 일기를 진심으로 열심히 쓰기 시작하면서 제가 원하던 일을 하나씩 실현해나갔습니다. 꿈꾸던 외국계 기업에서 정직원이 되었고 수입도 크게 늘었으며, 주어진 일을 해낼 수 있게 되었습니다. 상사, 동료와도 서로의 가치를 인정하는 긍정적인 관계를 맺고 있고, 맡은 일도 침착하게 해나가면서 내가 지닌 에너지가 많아지면 좋은 환경을 끌어들인다는 걸 실감했습니다.

그 후 약 3년이 지났습니다. 저는 파견 나간 회사에서 이전보다 30배 정도의 일을 처리하면서 상사에게 높은 평가를 받고 칭찬도 자주 듣고 있습니다. 해외 고객과의 교섭이나 난도가 높은 일도 동시에 진행하면서 잘해내고, 일의 효율을 높이기 위한 연구도 하고 있습니다. 그 덕분에 꿈꾸던 부업도 시작할 수 있게 되어 일과 수입 증가의 기쁨을 동시에 느끼고 있답니다. 파견 기간이 끝날 즈음에는 최고 경영자에게 "이대로 업무 보조 역할을 해주었으면 좋겠다."는 제안도 받았습니다.

창의적으로 일할 수 있는 지금의 나를 아주 자랑스럽게 생각하며, 자기를 존중하고 긍정하는 의식이 눈에 띄게 향상한 것에 스스로도 놀라며 기뻐하고 있습니다. 자신을 칭찬하는 간단한 방법이 실은 생명에 큰 영향을 미치는 심오한 방법이었다는 사실에 다시 한번 감탄했습니다. 저는 자신을 프로듀싱하는 능력을 더욱 갈고닦아 미래에 프리랜서로 크게 성공할 것이라 200% 확신합니다. 인간적으로는 자신뿐만 아니라 다른 사람도 행복해지는 메시지를 전달하는 너그러운 마음씨를 지닌 인간이 되는 게 목표입니다. 꼭 실현하게 될 겁니다.

_회사원 하라다 마사아키(35세), 아이치현

공감할 수 있게 되자
인간관계가 좋아졌습니다

저는 칭찬 일기를 10년 이상 쓰고 있습니다. 자신을 좋아하지 않던 제가 매년 '좋아하는 나의 모습'에 가까워지는 게 기뻐서 칭찬 일기를 쓰는 게 습관이 되었습니다.

여러 가지 면이 긍정적인 방향으로 바뀌었지만, 가장 기쁜 일은 제가 오랫동안 바라왔던 '공감 능력이 있는 사람이 되고 싶다.'라는 생각이 실현된 겁니다. 덕분에 가족과의 관계나 직장에서의 인간관계가 좋아졌으며, 지금은 제 기준에서 이상적이라고 말할 수 있는 정도가 되어 매일 행복하게 지내고 있습니다. 예전에는 남편과 싸우기만 하고 육아도 제대로 하지 못했습니다. 집 밖에서도 인간관계가 어려워서 문제를 자주 일으켰습니다. 남편은 "왜 다른 사람의 마음을 이해하지 못하는 거야?"라는 말을 자주 했습니다.

저는 두 딸이 초등학교 6학년, 3학년일 때 칭찬 일기를 쓰기 시작했습니다만, 그 전까지는 딸들도 엄마는 왜 그걸 이해하지 못하느냐며 서운해했습니다. 저는 강한 말로 되받아쳤지만 마음속으로는 '다른 사람의 마음을 이해하고 공감한다는 건 어떤 걸까?'라며 고민하곤 했습니다.

왜 이렇게 되었는지 원인을 생각해보았습니다. 제가 초등학교 4학년 때 아버지가 돌아가셨고 어머니는 매일 밤만 되면 눈물을 흘리셨습니다. 옆방에서 어머니의 우는 소리를 들으면서 '어머니를 슬프게 만들면 안 된다. 곤란하게 해서는 안 된다. 정신을 똑바로 차려야 한다.'는 다짐을 수없이 했습니다. 그 이후로 천진난만했던 제 마음의 문을 닫아버려서 이렇게 된 것 같았습니다.

자신의 마음에 의식을 집중하지 않고 자신을 모르는데 다른 사람을 알 리가 없었습니다. 칭찬 일기를 통해 여러 가지 면에서 스스로를 들여다보며, 언짢은 일이 있으면 먼저 자신의 마음에 공감해야 기분을 전환할 수 있다는 걸 배웠습니다. 이러한 연습을 반복하면서 서서히 자신을 알게 되고 다른 사람의 마음도 이해할 수 있는 제가 되었습니다.

지금은 제 생각과 감각을 솔직하게 받아들이고, 상대방의 입장에서 이야기를 듣고 공감할 수 있습니다. 남편과도 이야기를 자주 나누고 있고 남편도 상냥해졌습니다. 딸들은 처음에는 '엄마한테 말해봤자 어차피 몰라.'라며 아무런 이야기도 해주지 않았지만, 지금은 결혼에 관한 이야기, 일에 관한 이야기 등 무엇이든 말해주고 곤란한 일이 있으면 상담을 요청해옵니다. 남들에게는 당연한 일이 저에게는 새로운 자신으로 다시 태어난 듯한 신선한 기분으로 느껴져 행복한 매일을 살고 있습니다.

무엇보다 건강한 마음을 유지할 수 있다는 것에 정말 감사하고 있습니다. 칭찬 일기를 써온 덕분이겠지요. 칭찬 일기를 통해 자기 생명이 얼마나 훌륭한지 실감하고 존중하며 자기 긍정감을 높여왔기에, 자신을 믿고 저와 가족을 확실히 지킬 수 있다고 생각합니다.

_주부 시마 미카(55세), 가나가와현

칭찬 일기 덕분에
인생이 상상도 못 한 방향으로 펼쳐졌습니다

예전의 저는 자신의 외모, 성격을 별로 좋아하지 않았습니다. 객실 승무원을 동경해서 몇 년간 지원했지만 면접에서 항상 불합격했고, 제 외모에 점점 콤플렉스를 느끼게 되었습니다. 또한 인간관계도 잘 안 풀릴 때가 많았기에 항상 외로워하며 지냈습니다. 자신감을 가지고 싶어서 자기 계발서도 많이 읽었습니다. 하지만 읽은 직후에는 기분이 들뜨고 긍정적인 마음이 들어도 조금 있으면 바로 침울해지는 일이 반복됐습니다.

그러던 중 서점에서 본 책에서 칭찬 일기를 알게 되었습니다. 아무한테도 칭찬을 못 듣고 지내온 저에게 자신을 칭찬한다는 것은 굉장히 신선하게 느껴졌습니다. 처음에는 책을 참고하여 자신의 행동을 중심으로 칭찬해보기로 했습니다. 자신을 좋아하고 싶다는 일념으로 꽤 진지하게 작성했습니다. 데즈카 선생님의 책도 모두 사서 읽었습니다.

집안일과 육아, 매일 당연하게 해오던 일들을 칭찬해보니

'내가 이렇게나 열심히 살았구나. 그런데 그걸 가장 인정하지 않은 사람은 나였어.'라는 사실을 깨닫게 되었고, 기분이 말로 표현할 수 없을 정도로 따뜻하고 행복해졌습니다. 일기를 계속 쓰면서 조금씩 인간관계도 개선되어 자기 긍정감도 높아졌습니다.

제가 지닌 감성과 콤플렉스였던 외모를 칭찬하면서 옷의 색상 선택이 달라지고 화장을 잘하게 되었고, 그러면 그날 하루 기분이 굉장히 좋다는 걸 알게 되어 바로 칭찬 일기에 이에 관해 칭찬하는 글을 썼습니다. 그러자 주변의 아기 엄마들과 유치원생인 딸에게도 칭찬 일기에 쓴 내용과 똑같은 말로 칭찬받는 일이 늘어났습니다. 나를 칭찬하면 잘 모르는 존재가 나를 격려하고 이끌어준다는 감각이 느껴져 신기했습니다. 나중에야 이게 '생명의 인도'였다는 사실을 알게 되었습니다.

외모를 바꾸어 자신감이 붙으니 저의 내면도 점점 바뀌었습니다. 패션과 화장을 더 본격적으로 공부하고 싶다는 마음이 생긴 것입니다. 현실적으로 제가 가고 싶어 한 프로 양성 학교의 수업료는 비쌌고 저에겐 어린아이가 두 명 있었기에 학교에 계속 다니는 건 불가능했습니다. 몇 번이나 포기하려고 했지만, 이런 제게 용기를 준 건 지금까지 칭찬 일기에 계속 썼던 말들이었습니다. '만약 가족이 반대해도 용기를 낸 자신을 한껏 칭찬해주면 되잖아.'라고 생각한 후 가족에게 상담했더니, 놀랍게도 바로 허락해주었습니다.

그때부터 제 인생은 완전히 바뀌었습니다. 그저 어지럽게 꿈속에 있는 듯한 나날이었습니다. 원래 저는 새로운 일에 도전하는 걸 싫어했는데, 그때는 이게 마치 예전부터 정해져 있던 것처럼 조마조마한 마음으로 떨면서 꿈을 향해 달려갔던 것 같습니다. 도중에 여러 장애물이 있었지만 칭찬 일기의 힘으로 극복하고 재학 중에 창업까지 했습니다. 살롱을 열어 퍼스널 컬러 진단, 예쁜 얼굴 밸런스 진단, 골격 진단의 프로로서 '고객을 아름답게 만들어주는 일'을 시작한 것입니다.

지금은 기업가의 외모 전략 컨설팅과 일반인을 대상으로 매력 발견을 위한 조언도 해주고 있습니다. 게다가 그렇게나 외모에 자신이 없던 제가 무려 모델로도 데뷔하게 되었습니다. 그날 칭찬 일기를 만나지 않았다면 지금의 저는 없었을 겁니다.

_이미지 컨설턴트 다케다 시노(45세), 도쿄도

자신을 사랑하고
받아들일 수 있게 되었습니다

저는 초등학생 시절부터 어머니에게 "너 따위 낳고 싶지 않았어. 너 때문에 이렇게 힘든 거야."와 같은 가슴 아픈 말을 자주 들었습니다. 철이 들고 난 후로 어머니는 아버지의 욕을 입에 달고 살았고, 저를 감정 쓰레기통 취급했습니다. 어머니에게 애정이 담긴 말을 들은 적이 없었고 오빠와 언니도 '할 줄 아는 게 전혀 없는 녀석'이라는 부정적인 말을 하는 경우가 많았습니다. 이런 가정에서 저는 행복을 느끼기는커녕 그저 하루하루 시간이 가기만을 바라며 매일 필사적으로 살아야 했습니다. 마음속으로 어머니를 무서운 사람이라고 생각하고 혐오하고 있었기에, 어리광을 부리는 일도 없었습니다.

어릴 적부터 자신을 받아들이지 못했고 모든 일에 자신이 없었으며 다른 사람처럼 못 하는 자신을 용서할 수 없었습니다. 그런 제가 어른이 된다고 해서 바뀔 리가 없었습니다. 부정적인 사고를 가지고 있었기에 대인 관계, 일, 결혼 생활,

육아 등 모든 상황이 괴롭고, 힘들고, 한심했습니다. 이런 생각 때문에 계속 고민에 빠져 있었습니다. 무엇 때문에 화가 나는지 모를 정도로 매일 몹시 화가 나 있었습니다.

그러던 어느 날 칭찬 일기를 만났습니다! 끌리는 프로그램이었기에 바로 도전했습니다. 하지만 제가 자란 환경은 거칠었고 매사 빈정거리거나 비꼬아서 보는 경향이 있어서 처음에는 자기를 칭찬하지 못했습니다. '칭찬 일기' 강좌에서 선생님의 말씀을 들어도 믿어지지 않았습니다.

그러나 칭찬 일기와 인연이 있었나 봅니다. 몇 번 그만두기도 했지만 도전하기를 멈추지 않았고, 어느 순간 칭찬 일기를 쓰며 제 생명이 기뻐하는 감각을 알게 되어 굉장히 감동했습니다. 그러면서 제 감정은 편해졌고 저의 변화에 남편과 아이들도 밝아져서 대화도 많아졌습니다. 자기 생명이 기뻐하면 가족이 변한다는 걸 실감했고, 자신의 진화와 성장을 발견하게 되었습니다. 그리하여 마침내 자신을 받아들일 수 있게 되었습니다! 아이와 남편을 향한 애정은 예전보다 훨씬 커졌습니다. 하고 싶던 학원을 개원해 보람차게 일하는 지금 제 모습이 꿈만 같습니다.

칭찬 일기를 진지하게 쓰기 시작한 지 5년이 지났습니다. 매일 생활하면서 다양한 문제가 생기고 고민할 때도 있지만, 요즘 제 마음은 항상 두근거리고 즐겁습니다. 예전과 달리, 왜 기쁜지는 잘 모르겠지만 매일 말로 표현할 수 없을 정도로 행복합니다. 만약 칭찬 일기를 만나지 않았다면 "살아 있는 건 당연한 게 아니다."라는 말이 주는 감동을 여전히 알지 못했을 겁니다. 무슨 말인지는 알아도 금방 까먹고 공허한 감상만 남았을 겁니다. 저는 매일 칭찬 일기를 열어 그날의 자신을 칭찬한 후 "나의 생명은 소중해!"라고 씁니다. 그러면 기운이 샘솟기에 다음 날 아침, 활기차고 생기 넘치게 생활할 수 있습니다.

칭찬 일기를 계속 쓰면서 저는 자신을 사랑하는 방법을 깨달았습니다. 자신을 진심으로 사랑할 수 있게 되었기에 혹독한 어머니도 저에게는 소중한 은인이며, 세상에 단 한 명 뿐인 존재라고 생각하게 되었습니다.

칭찬 일기로 나 자신을 칭찬하며 소중히 여기고, 어머니는 어머니로서 소중히 여기자는 마음을 가질 수 있었습니다. 칭찬 일기를 만나지 않았다면 영원히 이런 마음을 몰랐을 것입니다. 마음을 열어, 자신의 생명을 사랑스럽다고 생각하는 존중감이 자라면 자기 긍정감이 저절로 자라게 된다는 사실을 몸소 체험할 수 있어서 기쁩니다.

_학원 경영자 와다 유키에(43세), 기후현

울렁증을 극복하고
'꿈꾸던 자신'이 되었습니다

칭찬 일기를 처음 알았을 때 '나는 쓰지 않아도 괜찮아. 하지만 굉장히 좋아 보이니 어려움에 처한 주변 사람에게 알려 주자.'라는 마음으로 세미나를 들었습니다. '나는 행복하고 좋아하는 일에 종사하고 있다. 가족, 친구들과 사이도 좋고 이 이상 무언가를 바꿀 필요가 없다.'라고 생각했습니다. 그런데 일기를 써보니 좋은 일이 엄청나게, 셀 수 없을 정도로 많았습니다. 일기를 쓰기 시작한 지 6년이 된 지금은 저도 바뀐 부분이 아주 많고, 예전의 행복과는 전혀 질이 다른, 생명 속에서 넘쳐흐를 듯한 행복을 느끼고 있습니다.

큰 변화는 울렁증을 극복한 것입니다. 저는 어려서부터 고전 무용을 해온 무용가이지만, 무대에 서면 손이 떨려서 가까운 곳뿐만 아니라 무대 멀리 있는 관객도 확실히 알 정도였습니다. 실전에서 손을 떨면 작품을 제대로 보여줄 수 없습니다. 사회를 볼 때도 항상 손이 떨려서 고객이 딱하게 여길 정도였습니다. 칭찬 일기로 '꿈꾸는 자신이 될 수 있다.'라고 들었기에, 매일 칭찬 일기의 날짜 옆에 반드시 '긴장해도 손이 떨리지 않는 나, 대단해!'라고 쓰고 소리를 내서 세 번 읽은 후 그날의 칭찬 일기를 썼습니다. 1개월 후 사회를 보기 위해 약속 장소에 갔을 때, 평소처럼 손이 떨리기 시작했고 '괜찮아, 난 오늘 사회자로 가장 어울리는 사람이야. 나보다 고객에게 즐겁고 편안한 진행을 선사할 사회자는 없어.' '멋져. 옷, 머리 스타일 모두 근사해!'라고 칭찬의 말을 계속했습니다. 그 결과 무대에 올랐을 때 전혀 떨지 않고 침착하게, 할 말도 잊지 않고 가장 기분 좋은 인터뷰를 할 수 있었습니다. 이건 저에게 엄청난 일이었습니다.

최근에는 판단력, 결단력도 좋아져서 무엇을 선택할지 헤매는 일이 없어졌습니다. 주변 사람과의 의사소통도 원활하고 몸도 건강합니다. 매일 '오늘 하루도 기쁘다.'라고 생각합니다. 지금 전 '생명에서 솟아나는 행복은 끝이 없는 무한대다.'라는 걸 실감하고 있습니다. 행복한 사람도, 행복하지 않다고 생각하는 사람도 누구나 새로운 자신을 만나고 영원한 행복을 얻을 수 있다는 것을 알게 되면 좋겠습니다.

_사회자 아리조노 아쓰코(51세), 가고시마현

마음의 병을 극복하고
저와 가족도 밝아졌습니다

저는 어릴 적부터 부모님에게 "그러면 안 돼, 이렇게 하면 안 돼."라는 말을 귀가 따가울 정도로 들었고, 부모님이 말하는 대로 살았기에 마음은 항상 어두웠습니다. 두 살 위인 오빠는 반항심이 강해서 집 안에는 항상 폭언이 난무했고 험악한 분위기가 감돌았습니다. 그래서 저는 착한 아이인 것처럼 연기했습니다. 학교에서 딱히 왕따를 당하지는 않았지만, 열일곱 살에는 갑자기 수업을 듣지 못하게 되어버렸습니다. 가슴이 뛰고 메슥거려서 학교에 갈 수 없었고, 등교도 거부했습니다. 이후 결혼하고 두 아이를 낳았지만 공황 장애, 심신증, 우울증 등 마음의 병과 괴로움을 짊어지고 살아왔습니다. 몸은 생각한 대로 움직이지 않았고 마음은 우울한 상태였습니다. 집안일과 육아는 당연히 생각한 대로 되지 않았고 조바심이 났습니다. 다행히 다정한 남편은 저의 상황을 이해하고 육아와 집안일을 적극 함께 해주었습니다. 어느 날 다니던 병원 선생님이 자신을 칭찬하거나 좋았던 일을 노트에 적어보라고 하셔서 관련 책을 찾았고, 그때부터 저의 '칭찬 일기 생활'이 시작되었습니다. 불과 7개월 전의 일입니다.

칭찬 일기를 쓰면서 몸과 마음의 상태가 굉장히 좋아졌고, 잠시 감정 기복이 있기는 했지만 서서히 기분이 좋아지고 몸도 한결 가벼워졌습니다. 아침, 점심, 저녁 하루에 세 번 칭찬 일기를 쓰고 칭찬 주문을 외우다 보니 남편이 놀랄 정도로 표정이 밝아졌고 컨디션도 좋아졌습니다. 일기를 쓰기 시작한 지 4개월 후, 꿈꾸던 가족 여행도 다녀왔습니다. 기뻤습니다. 그 뒤로는 나날이 밝아져서 집안일도 할 수 있게 되었고 아이와 노는 시간도 늘었습니다. 화장하고 싶은 마음도 생겨서 멋 내는 걸 즐기는 제가 되었습니다. 집 안 전체가 밝아져서 '정말 자신도 주변도 이렇게 바뀔 수 있구나.'라는 생각이 들고 모든 일이 기적처럼 느껴집니다.

저는 여전히 매일 세 번 칭찬 일기를 쓰고 있습니다. 되돌아가지 않을 겁니다. 무슨 일이 있어도 절대 포기하지 않고 앞으로 나아갈 겁니다. 칭찬 일기 덕분에 이렇게까지 행복해졌으니 분명 괜찮을 거라는 자신이 있습니다. 자기 생명이 지닌 힘을 믿습니다.

_ 주부 마키무라 아키(37세), 가가와현

후기를 읽고 여러분은 어떻게 느끼셨나요? 일기를 쓰는 것만으로 이렇게 인생이 바뀌는 게 신기하다고 생각하셨을지도 모릅니다. 칭찬 일기를 계속 쓰신 분들은 "칭찬 일기는 참으로 심오하네요."라는 말을 자주 합니다. 칭찬 일기 자체는 굉장히 간단한 방법이지만, '자기 생명의 심오함'을 감지하면 내면적인 깨달음을 촉진하기에 그 심오함을 실감하게 됩니다.

저는 '뇌가 칭찬의 말을 보수로 받고 기뻐한다.'는 점에서 생명의 신비를 느낍니다. 거기에 생명을 창조한 존재의 뜻이 있다고 생각합니다.

이전 장에서 자신의 긍정적인 면에 의식을 집중하고 칭찬하며 이를 글로 쓰면, 뇌파가 α파 상태로 되는 감각을 느낄 수 있다고 말씀드렸습니다. 그때 마음은 고요하게 가라앉으며, 생명이 지닌 무한한 가능성을 믿고 자신의 존재를 무조건적으로 '가치 있는 것'이라고 자연스럽게 믿을 수 있게 됩니다. 자신을 가치 있는 존재로 여기고 자기 긍정감을 지닌 인생을 사는 것과 자신 따위 별거 아니라며 비관적으로 인생을 사는 것이 얼마나 큰 차이를 낳는지는 누구나 상상하실 수 있을 겁니다.

자기 생명의 심오함을 알고 자기 생명을 존중, 존경하며, 사랑하는 사람들과 함께 걸어가는 인생을 사셨으면 좋겠습니다.

여기에서 소개한 분들은 모두 자란 환경과 인생 경험도 다릅니다만, 자신을 인정하고 존중하는 의식을 길러서 생명 속에 지닌 힘을 이끌어냈다는 점은 같습니다. 이 법칙은 모든 사람에 적용됩니다. 여러분도 예외는 아닙니다. '나도 할 수 있어!'라는 희망과 안도감을 가지고 칭찬 일기를 계속 쓰시기 바랍니다.

"자신도 주변도 좋아요."라고 말할 수 있는 당신은 행복의 문을 열고 꿈꾸는 방향으로 걸어 나갈 수 있는 사람입니다. 그 문을 여는 열쇠가 바로 칭찬의 말입니다. 여러분이 사용하는 칭찬의 말은 밝은 에너지가 되어 발산되고, 주위에 퍼져 주변 사람들도 행복해집니다. 칭찬의 말이 세상에 넘쳐나면 얼마나 좋을까요? 이런 세상을 실현하기 위해서라도 여러분이 사용하는 칭찬의 말을 가치 있고 소중하게 여겨야 합니다.

칭찬 일기의 시작, '자신을 칭찬하면 어떻게 될까?'

1988년에 독자적인 프로그램을 구성해서 자기 계발을 지도하던 저는 누구나 할 수 있을 정도로 간단하지만 효과는 확실한 방법을 만들고 싶다고 늘 생각했습니다. 모든 생명은 긍정했을 때 힘이 넘치고, 지닌 힘을 발휘한다. 제 식물을 사용해 실험하고 동물의 능력에 관한 지식을 익히면서 이런 생각이 든 저는, 프로그램에 자신을 칭찬하는 활동을 넣어 수강생에게 제공하기로 정했습니다.

그 후 셀 수 없을 정도로 많은 워크숍을 진행하며 검증한 결과, 자신을 칭찬하는 활동만으로 예상을 뛰어넘는 큰 효과를 거둘 수 있다는 사실을 알게 되었습니다. 이 활동을 '칭찬 일기'라고 이름 짓고, 확실한 증거를 쌓고, 이론화하고 공개하는 긴 과정을 거쳐 오늘에 이르렀습니다. 꽤 오랜 세월이 걸렸습니다. 그사이 뇌과학을 통해 "칭찬의 말에 뇌가 기뻐한다."라는 사실이 증명되었고(2008년), '칭찬 붐'이 일어났습니다.

제가 칭찬을 고집하는 계기가 된 작은 에피소드가 있습니다. 저는 "나는 무엇을 위해 태어난 것인가?"라는 질문의

답을 찾아 10대 때부터 불교를 배우고 좌선 지도를 받았지만, 계속 실천하면서 한 가지 큰 의문을 가지게 되었습니다.

부처님께서는 "모든 사람은 불성을 지니고 있고 큰 존재와 이어져 있다. 자신을 믿으며 살아라."라고 알려주시는데, 정작 사회에서는 자기를 부정적으로 생각하고 오히려 그걸 미덕으로 여기는 게 이상하다는 의문을 가지게 된 것입니다.

저는 '자신을 부정하면, 어찌 스스로를 믿고 인생을 꾸려나갈 수 있을까. 자신을 신불의 자식으로서 존중하고 긍정하면 사람은 분명 행복해질 것이다.'라고 생각했습니다. 이러한 저의 생각과 앞에서 서술한 식물 실험 등에서 얻은 깨달음이 완벽하게 일치했기에 '자신을 칭찬하면 어떻게 될까?'를 주제로 실증을 시작한 것입니다.

함께 기쁨을 나누는 '생명 긍정의 법칙'

이 책에서는 주로 뇌과학의 관점에서 '칭찬 일기가 왜 좋은가?'를 설명했습니다만, 제가 고안했을 당시에는 '우주의 법칙(생명 긍정의 법칙)'의 관점에서 설명했습니다. 이를 그림으로 나타낸 것이 다음 페이지에 있습니다.

우리의 생명은 큰 우주 자연의 일부분입니다. 이 광대한 우주의 에너지(의식)는 긍정과 조화의 에너지라고 불립니다. 지구상의 모든 생명은 이 에너지(의식)에 둘러싸여 긍정되고 이어지므로, 우리 한 사람 한 사람의 생명에도 '자신의 생명을 긍정하고 조화를 이루는 의식'이 포함되어 있습니다.

이런 귀중한 생명에 부정적인 의식을 지니고 있으면 '우주의 긍정 에너지(사랑의 에너지)'와 파장이 맞지 않게 됩니다. 이 때문에 괴로움을 느끼거나 살기 힘들다고 생각하게 되는 것입니다.

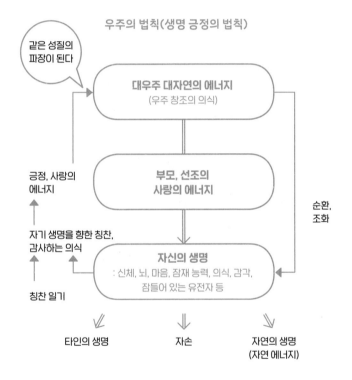

우주의 법칙(생명 긍정의 법칙)

같은 성질의
파장이 된다

대우주 대자연의 에너지
(우주 창조의 의식)

긍정, 사랑의
에너지

**부모, 선조의
사랑의 에너지**

순환,
조화

자기 생명을 향한 칭찬,
감사하는 의식

자신의 생명
: 신체, 뇌, 마음, 잠재 능력, 의식, 감각,
잠들어 있는 유전자 등

칭찬 일기

타인의 생명   자손   자연의 생명
(자연 에너지)

* 우리 우주는 '무한 긍정, 사랑의 에너지'로 가득 차 있습니다.

'자기 생명을 크게 칭찬하고 존중하는 긍정 의식을 지니면, 자기 생명의 능력이 발휘되고 사랑과 조화의 의식이 자라나 행복하게 살 수 있다.' 이것이 우주의 법칙이자 생명 긍정의 법칙입니다.

자신의 파장을 위대한 우주 의식의 파장과 맞추고 조정하는 것이 칭찬 일기입니다. 이 책의 내용을 꼼꼼하게 실천하면 이 법칙을 지식이 아닌 내적 감동을 동반한 느낌으로 '알 수' 있습니다. 이 법칙은 우주의 진리이므로 모든 사람이 마음 깊은 곳에서 '알고 있는 일'입니다. 마음 깊은 곳에 있는 것을 밖으로 드러내서 '아는지' 모르는지에 따라 인생은 크게 차이가 납니다.

그 차이가 행복하고 여유 있는 인생을 살지, 혹은 살아가는 의미를 모르는 자기 부정적인 인생을 살지를 결정한다고 생각합니다. 자신의 몸과 마음에 우주의 긍정 에너지(사랑의 에너지)가 가득 차면, 마음의 행복과 기쁨이 가득한 인생을 보낼 수 있습니다. 이것은 자신뿐만 아니라 가족이나 사랑하는 사람들과 함께 기쁨을 나누는 관계를 만들고 사회 전체, 세계 전체에 그 에너지를 넓힐 힘이 됩니다.

"선생님은 칭찬 일기를 언제 쓰시나요?"라는 질문을 가끔 받습니다. 그래서 마지막으로 저의 칭찬 일기 라이프를 알려드리고자 합니다. 칭찬 일기는 가방에 넣고 다니면서 언제 어디서나 시간이 날 때 쓰고 있습니다. 수첩에도 씁니다. 밤에 지쳤다는 생각이 들면 즉각 '일을 잘하고 있구나, 수고했어, 열심히 했네!'와 같은 말로 신체를 칭찬하고, '오늘 하루도 잘 살았네!'라면서 '칭찬 송'을 흥얼거리며 알차게 보낸

하루를 느끼려고 합니다.

자기 전에는 앞에 나온 '우주의 법칙' 그림을 머릿속에 떠올리면서 대우주 대자연의 에너지(의식)와 이어져 있는 자신의 생명에 감사하는 마음을 전하고, 부모님과 선조, 가족, 이어져 있는 모든 생명에 감사하는 마음을 가집니다. 자연스럽게 이런 생각이 샘솟기에 의무적으로 하는 것은 아닙니다. 여러분도 실천하고 싶다는 생각이 들면 해보시기 바랍니다. 생명을 생각하는 방식이 달라지고 마음이 평안해질 것입니다.

이 책을 손에 드신 모든 분께 행복이 깃들기를, 그리고 행복의 테두리가 넓어지기를 진심으로 바라며 여러분께 사랑하는 마음을 보냅니다.

부록

자기
이미지
갱신표

내면 **예전의 나**	
현재의 나	
행동 **예전의 나**	
현재의 나	
감각, 감성 **예전의 나**	

현재의 나	
발상, 사고방식 예전의 나	
현재의 나	
노력에 관해 예전의 나	
현재의 나	

과거 자신에 관한 생각 **예전의 나**	
현재의 나	
그만하자고 결심한 일은 **예전의 나**	
현재의 나	
신체에 관해 **예전의 나**	

현재의 나	
겉모습에 관해 **예전의 나**	
현재의 나	

종합적으로 보고 현재 자신을 긍정적으로 평가하기	

일단 나부터 칭찬합시다

©데즈카 치사코

1판 1쇄 발행 2022년 3월 30일
1판 2쇄 발행 2022년 5월 31일

지은이	데즈카 치사코
옮긴이	김연경
펴낸이	김봉기
출판총괄	임형준
편집	이미아
디자인	스튜디오공감각
마케팅	김보희, 최은지, 정상원, 이정훈
펴낸곳	FIKA[피카]
주소	서울시 서초구 서초4동 서초대로 77길 55, 9층
전화	02-3476-6656
팩스	02-6203-0551
이메일	book@fikabook.io
출판등록일	2018년 7월 6일(제2018-000216호)
ISBN	979-11-90299-58-9 03190